Unser kleines Forscherlabor

Kleine und einfache Experimente für drinnen und draußen

Praxisreihe Kindergarten

Inhaltsverzeichnis

Unser kleines Forscherlabor

Die Welt entdecken mit Versuchen und Experimenten

„Kommt mal alle her, ich zeig euch was Tolles!" Die Kinder schauen zu, Sie selbst bauen einen Versuch auf, ähnlich wie im Chemieunterricht an der Schule. So sollten Ihre Experimente, Versuche und Tests selbstverständlich nicht verlaufen. Im Optimalfall kommt der Impuls von den Kindern. Und noch besser ist es, wenn die Kinder auch selbstständig forschen, tüfteln und ausprobieren dürfen.

Von der Hefe zum Forscherlabor

Ein Beispiel beschreibt, worum es geht: Beim Backen für das geplante Nikolausfest stellen die Kinder fest, dass ihr Hefeteig sich während der Ruhezeit verdoppelt hat. Warum ist das denn passiert? Statt langer Erklärungen, was Hefe ist und warum sie den Teig zum Aufgehen bringt, stellen Sie den Kindern einige Schälchen mit Trockenhefe bereit, dazu etwas Zucker, Salz und Wasser. Den Rest machen die Kinder. Sie experimentieren selbst, wie und wann die Hefe am besten arbeitet. (Informationen dazu finden Sie auf Seite 18/19). Toll, wenn Sie die Ergebnisse anschließend gemeinsam dokumentieren, etwa indem die Kinder ein Poster malen oder Fotos schießen. In diesem Fall ist natürlich anschließendes Schlemmen angesagt.

Nicht immer bleibt im hektischen Alltag die Zeit, Kinder selbst forschen zu lassen. Und häufig werden Sie am Ende (allein) aufräumen müssen. Das, was die Kinder aus den Versuchen und Experimentierideen in diesem Heft mitnehmen, ist dafür etwas sehr Wichtiges:

Sie erfahren Zusammenhänge, indem sie sie selbst erforschen. Sie ergründen die Geheimnisse der Welt (fast) selbsttätig und aktiv. Darum ist Ihre Rolle beim Begleiten dieser Prozesse tatsächlich eher die des Beobachters, der im Zweifelsfall für Fragen oder mit hilfreichen Fragen zum weiteren Vorgehen zur Verfügung stehen kann, wenn es notwendig sein sollte.

Kinder beim Experimentieren begleiten

Ein Beispiel aus der Osterzeit: Die Kinder rollen rohe und gekochte Eier vorsichtig auf einem Tablett. Manche lassen sich nicht drehen, andere wollen damit überhaupt nicht mehr aufhören. Gut, wenn die Kinder das bemerken. Noch besser, wenn die Kinder herausfinden, warum das so ist. (Näheres erfahren Sie auf Seite 17). Am besten aber ist es, wenn die Kinder selbst auf die Idee kommen, mit Eiern zu experimentieren, und sich selbst die Frage stellen, wie man herausfinden könnte, ob ein Ei, das man im Kühlschrank findet, gekocht oder roh ist. Wenn sie also etwas sehen, das sie zum Nachdenken bringt. Ziel ist, dass die Kinder sich das Gesehene selbst erklären können oder aufgefordert werden, darüber nachzudenken. Dazu ist es wichtig, dass die Kinder selbsttätig experimentieren und zu Ergebnissen kommen dürfen.

Naturwissenschaftlich bilden

Naturwissenschaftliche Bildung ist in der einen oder anderen Formulierung bundeslandübergreifend Teil aller Lern- und Bildungsempfehlungen. Was sich in Schulen im Optimalfall gerade schon den Weg bahnt, nämlich vom Frontalunterricht zum Gruppenunterricht zu gelangen, das hat in der Kita schon länger Fuß gefasst. In Kitas wissen pädagogische Fachkräfte schon lange, dass Angebotspädagogik und „Belehren", Vormachen und Anleiten einer veralteten Form der Pädagogik angehören. Gerade beim Experimentieren ist das aber nicht so einfach. Hier geht es möglicherweise auch einmal mit Feuerzeugen zur Sache oder nicht essbare Substanzen kommen mit ins Spiel, Werkzeuge mit Verletzungsgefahr werden benutzt oder größere Ausflüge geplant. Bei aller wichtigen Vorsicht öffnen Sie den Kindern aber nur dann echte Lernfenster, wenn Ihre Kita-Kinder möglichst frei, selbstständig und aktiv ausprobieren dürfen. Stellen Sie darum gemeinsam Regeln auf, an deren Formulierung die Kinder beteiligt sind. Überlegen Sie gemeinsam, unter welchen Bedingungen bestimmte Werkzeuge oder Forschungsgegenstände benutzt werden dürfen und warum. Und dann genießen Sie eine spannende Forschungszeit mit Ihren Kindern, bleiben Sie offen und lassen Sie sich selbst mitreißen!

In diesem Heft finden Sie viele kleine und einfache Experimente zum Staunen, Lachen, Nachdenken, Ausprobieren, Erweitern und Weiterforschen. Diese kleinen Experimente sind Fragen, die sich im Kita-Alltag vielleicht wirklich stellen und die Sie so von den Kindern selbst entdecken und beantworten lassen können. Die Experimente sind darum so aufgebaut, dass für Sie selbst schnell ersichtlich ist, worum es geht und zu welchem Ergebnis man hier kommen kann. Diese Infos sind jedoch für Sie gedacht und Sie sollten die Kinder alles selbstständig durchführen lassen.

So lernen die Kinder, sich selbst Wissen und Erkenntnisse zu beschaffen. Sie erfahren, dass sie sich ihre Welt – fast ohne die Hilfe Erwachsener – erschließen können, einfach indem sie nachdenken und ausprobieren. Dies ist viel wichtiger als das genaue Verstehen der naturwissenschaftlichen Zusammenhänge.

Es geht in diesem Heft daher auch nicht um die Vermittlung von chemischem, physikalischem oder biologischem Sachwissen, sondern darum, wie Kinder mit einfachen Mitteln und wenig Hilfe selbst zu Entdeckern dieser Zusammenhänge werden können.

Die Kita-Küche als Forscherlabor

Auf den folgenden Seiten stellen wir Ihnen kleine Ideen vor, die Experimente und Versuche mit Lebensmitteln oder Lebensmittelresten anregen können. Dabei können alle Lebensmittel anschließend noch verzehrt werden. Falls Sie die Möglichkeit haben, können Sie einige Versuche in die Küche verlegen, ansonsten lassen sich die meisten Versuche auch im Gruppenraum durchführen. Hefe, Zucker, Orangenschalen, Sprudelwasser und Alufolie lassen sich ungeahnte Geheimnisse entlocken …

Butter selbst gemacht

Experimentieren mit Milchprodukten

Sie kann durch Zufall, durch ein Versehen oder mit voller Absicht entstehen: Butter machen ist nämlich gar nicht schwer. Hier erfahren Sie, wie es gelingen könnte.

Ab 4 Jahren

Das brauchen Sie

- **Für jedes Kind ein kleines Einmachglas mit Deckel**
- **Sahne**
- **Nach Wunsch: elektrisches Rührgerät**
- **Schüsseln**

Außerdem:

- **Messer**
- **Frisches Brot**
- **Nach Wunsch: einige frische Kräuter und etwas Salz**

Darum geht's

Wenn man flüssige Schlagsahne mit dem Rührgerät oder Schneebesen kräftig rührt („schlägt"), erhält man feste Schlagsahne, die man sprühen kann. Wenn man diese feste Sahne weiter und immer weiter schlägt, entstehen kleine Klümpchen – aus Butter: Das Fett aus der Sahne trennt sich durch Schütteln von der restlichen Flüssigkeit.

Das können die Kinder herausfinden

Ältere Kinder können das auch ohne elektrisches Hilfsmittel nachmachen. Sie füllen sich einige Esslöffel Sahne in ein Schraubglas und schütteln … und schütteln … und schütteln. Vielleicht möchten sich die Kinder dabei abwechseln. Schon bald wird die Sahne fester und fester. Am Schluss bilden sich kleine, gelbliche Knötchen, die größer werden: die Butter. Die Flüssigkeit, in der die kleinen Butterklümpchen schwimmen, ist Buttermilch. Die Butterklümpchen können die Kinder entnehmen, mit etwas Wasser abspülen und in eine Schale geben.

Weitere Idee

Gemeinsam können sie die selbst gemachte Butter auf frischem Brot, nach Wunsch mit etwas Salz oder frischen, klein geschnittenen Kräutern, genießen. Die Buttermilch schmeckt sehr lecker. Sie können sie auch zum Mixen von Fruchtdrinks verwenden.

Tropfgläser

Wasser und Öl im Küchenversuch

Öl und Wasser vermischen sich einfach nicht. Oder doch? Mit etwas Lebensmittelfarbe und Pipetten gehen die Kinder hier selbst ans Werk und lassen dabei fast echte Lava-Tropflampen entstehen.

Ab 3 Jahren

Das brauchen Sie

- **Speiseöl (etwa Sonnenblumenöl)**
- **Wasser**
- **Lebensmittelfarben**
- **Schraubgläser**
- **Pipetten**
- **Brausetabletten**

Darum geht's

Öl bildet auf Wasser eine eigene Schicht, die man gut beobachten kann. Der Grund: Öl ist leichter als Wasser und wandert nach oben, wo es sich über dem Wasser absetzt. Das schwerere Wasser sackt nach unten. Vermischen: Fehlanzeige. Erst wenn man kräftig quirlt, vermischen sich die beiden Flüssigkeiten – aber nur für kurze Zeit! Nach einiger Zeit setzt sich das Öl wieder auf dem Wasser ab.

Das können die Kinder herausfinden

Die Kinder gießen ein Schraubglas etwa zur Hälfte mit Leitungswasser voll. Dann geben Sie ein oder zwei Tropfen Lebensmittelfarbe ins Wasser und warten, bis sich das Wasser komplett gefärbt hat. Eventuell den Deckel aufsetzen und das Glas etwas schütteln. Nun gießen die Kinder vorsichtig etwas Öl dazu: Das Öl bildet eine eigene Schicht über dem Wasser.
Wie könnte man die beiden mischen? Die Kinder können den Deckel aufsetzen und das Glas schütteln.

Weitere Ideen

Mit **Pipetten** können die Kinder Tropfen vom Öl aufnehmen und in Wasser tropfen: Sie sinken nur kurz ab und sammeln sich dann an der Oberfläche.
Eine **Brausetablette** (beispielsweise Vitaminbrausetablette oder Spülmaschinentablette) bringt das Wasser mit dem Öl an der Oberfläche zum Sprudeln, Tropfen steigen auf und tanzen im Glas herum, ähnlich wie bei einer Lavalampe. Möchten die Kinder das gerne einmal malen?

Der Orangendrachen-Effekt

Warum Orangen Feuer entfachen können

Eine kleine, winzige Mini-Explosion gewünscht? Die Orangenschale macht's möglich, denn sie enthält leicht brennbare ätherische Öle.

Ab 5 Jahren

Das brauchen Sie

- **Frische Orangenschalen**
- **Feuerzeug (benutzen nur Sie selbst oder ein/e Kollege/in!)**
- **Kerze**
- **Zur Vorsicht: Gefäß mit Löschwasser**

Darum geht's

Zünden Sie eine Kerze an und stellen Sie sie weit genug entfernt von den Kindern auf. Allerdings sollte die Kerze auch so nah stehen, dass die Kinder genau beobachten können, was passiert. Nehmen Sie ein Stück feste Orangenschale, halten Sie es nah an die Kerze und knicken Sie es schnell um, sodass etwas Flüssigkeit aus der Schale spritzt.

Das können die Kinder beobachten

Die herausspritzenden winzigen Tröpfchen zischen hörbar in der Wärme nah an der Flamme. Mit etwas Glück können Sie sogar beobachten, wie sich ein kleiner Spritzer kurz entzündet und aufflammt. Der Grund: Gerade in der Schale sind ätherische Öle enthalten. Im Fruchtfleisch stecken viel weniger dieser duftenden Flüssigkeiten. Ätherische Öle sind in vielen Duftpflanzen enthalten, etwa in Lavendel, Melisse oder auch in Rosen. Sie entfalten ihr Aroma an der Luft, vergehen dort aber schnell und sind leicht entzündbar.

Weitere Idee

Jede Zitrusfruchtsorte riecht anders. Machen Sie doch ein eigenes Dufträtsel und stecken Sie getrennt voneinander Schalen verschiedener Zitrusfrüchte in verschließbare Kunststoffschalen. Dann dürfen die Kinder mit verbundenen Augen die Schalen durchschnuppern und die Düfte zuordnen. Hier eignen sich etwa Mandarine, Orange, Zitrone, Limette und Grapefruit.

Der Flaschengeist

Wie Nebel in eine Flasche kommt

Ab 4 Jahren

Das ist ganz schön gruselig: eine Flasche, in der Nebel und Rauchschwaden hängen! Und dieser Nebel kann verschwinden und wieder neu entstehen. Ob da wohl ein Flaschengeist drin ist?

Das brauchen Sie

- **Eine leere, saubere PET-Flasche mit Verschluss (1,5 l)**
- **Wasser**
- **Streichhölzer**

Darum geht's

Die Kinder füllen die Flasche zu etwa 2 cm mit Wasser. Sie selbst zünden ein Streichholz an und halten es direkt an die Öffnung der Flasche oder stecken es, wenn möglich, leicht in den Flaschenhals hinein. Dann sofort auspusten! Der entstehende Rauch sollte möglichst in die Flasche ziehen, die dann direkt verschlossen wird, damit der Rauch drinbleibt. Falls Sie nicht genug Rauch in die Flasche bekommen haben, können Sie diesen Vorgang noch einige Male wiederholen.

Das können die Kinder beobachten

Gehen Sie mit der Flasche an eine Lichtquelle oder ins helle Tageslicht. Die Kinder schütteln die Flasche kräftig, sodass die Innenwände nass werden. Der Rauch im Innern verschwindet dadurch. Sie drücken nun die Flasche fest zusammen. Beim Auseinanderfalten bildet sich der Nebel oder Rauch im Innern der Flasche nun wieder wie von selbst. Pressen die Kinder die Flasche wieder zusammen, verschwindet der Rauch, beim erneuten Loslassen zeigt er sich wieder. Der Grund: Mit dem Rauch sind sogenannte Kondensationskeime (winzige Partikelchen von Ruß oder Staub) ins Flascheninnere gelangt. An diesen kleinsten Teilchen kann der Wasserdampf in der Flasche zu Wasser kondensieren, wenn sich der Luftdruck (hier durch das Zusammendrücken und Loslassen der Flasche) ändert.

Weitere Idee

Genau das passiert auch in der Natur, wenn sich Nebel bildet: Kleine Flüssigkeitströpfchen in der Luft bilden einen Nebel, wenn sie sich an Staubpartikelchen anlagern können. Beobachten Sie mit den Kindern echten Nebel!

Rotkohl oder Blaukraut?

Tolle Versuche mit Rotkohl

Rotkohl ist ein tolles Gemüse: Sein Saft ist das, was die Chemie ph-Wert-Indikator nennt. Einfacher gesagt: Er ändert bei Kontakt mit anderen Stoffen die Farbe – wie bei einem Zaubertrick. Durch den Farbwechsel lässt sich ablesen, ob eine Flüssigkeit eher sauer ist (eine Säure) oder basisch (eine Lauge).

Ab 5 Jahren

Das brauchen Sie

- **¼ Rotkohl**
- **Wasser**
- **Sieb**
- **Topf**
- **Etwas Zucker**
- **Zuckerwürfel**
- **1 Zitrone**
- **2 Esslöffel Essig**
- **Milch**
- **Gläser**
- **Löffel**

Darum geht's

Der Rotkohl enthält sekundäre Pflanzenfarbstoffe, Anthocyane genannt. Im Rotkohlsaft sind diese Farbstoffe enthalten, weshalb der Saft so lila aussieht. Dieser Saft kann allerdings die Farbe ändern – je nachdem, was man zugibt. In Süddeutschland wird Rotkohl zu Blaukraut, weil hier eher Zucker zugegeben wird, der den Kohl bläulich färbt und basisch oder alkalisch macht. In Norddeutschland dagegen genießt man das Gemüse mit Apfelstückchen und Wein oder Essig, was mehr Säure in den Rotkohl bringt und ihn sprichwörtlich erröten lässt. Darum heißt das Gemüse auch regional unterschiedlich eben Blaukraut oder Rotkohl. Die Kinder können diese Veränderungen im Rotkohlsaft selbst angucken und dabei den ph-Wert kennenlernen.

Das können die Kinder herausfinden:

Rotkohlsaft machen: Schneiden Sie mit den Kindern den Rotkohl grob in kleine Stücke. Füllen Sie einen Topf mit Wasser. Geben Sie den Rotkohl in ein Sieb und hängen Sie es ins Wasser. Kochen Sie den Rotkohl etwa zehn Minuten lang. Das Kochwasser verfärbt sich rotviolett. Lassen Sie es etwas abkühlen und nutzen Sie es für die folgenden Versuche.

Die Kinder können Gläser mit unterschiedlichen Flüssigkeiten füllen und dann den Rotkohlsaft als Anzeiger zugeben und beobachten, wie er sich verändert.

Beispiele

- 1 Glas mit etwas Zitronensaft (Rotkohlsaft färbt den Zitronensaft rot)
- 1 Glas mit Zuckerwasser (Rotkohlsaft färbt das Wasser violett oder auch blau, bei starker Zuckerkonzentration auch grünlich)
- 1 Glas mit Essig (rot)
- 1 Glas mit Milch (helllila)

Weitere Idee

Lassen Sie die Kinder selbst weitertesten: Was passiert, wenn man etwas Rotkohlsaft auf eine Zitronenscheibe träufelt (sie verfärbt sich rot oder pink) oder auf einen Zuckerwürfel? Kann man mit Rotkohlsaft auch malen?

Der pH-Wert

Der pH-Wert gibt an, ob eine Flüssigkeit sauer (Säure) ist oder eher basisch oder alkalisch (Lauge). Als pH-neutral gilt ein Wert von 7. Auch unser eigener Körper hat einen typischen pH-Wert, der allerdings an vielen Stellen unterschiedlich ist. Am sauersten ist unser Körper im Magen, denn der Magensaft ist mit einem Wert zwischen 1,2 und 3 deutlich sauer.

Kosmetische Produkte werben oft mit einem pH-neutralen Wert. Hintergrund: Unsere Haut ist mit einem dünnen Wasser-Fett-Film überzogen, dem Säureschutzmantel, der fremde Keime abwehren soll. Gesunde Haut hat einen pH-Wert zwischen 4 und 6,5. Diesem Wert passen sich im Optimalfall kosmetische Produkte an.

Die Rosine bittet zum Tanz

Guck-mal-her-Versuche mit Sprudelwasser

Wenn man Gegenstände ins Wasser wirft, gehen sie unter oder sie bleiben auf der Wasseroberfläche liegen. Das haben die Kinder bestimmt schon einmal ausprobiert. Aber was passiert, wenn man Sprudelwasser statt Leitungswasser oder stillem Wasser benutzt?

Ab 3 Jahren

Das brauchen Sie

- **Mineralwasser mit Kohlensäure**
- **Durchsichtige Gläser oder Becher**
- **Kleine Kieselsteine**
- **Rosinen**
- **Gummibärchen**
- **Nüsse, beispielsweise geschälte Erdnüsse**
- **Weitere Materialien nach Interesse der Kinder**

Darum geht's

Die Kohlensäure im Wasser treibt manche Gegenstände im Wasserglas an die Oberfläche und/oder bewegt sie im Glas umher. Andere dagegen trotzen der Kraft der Sprudelsäure.

Das können die Kinder beobachten

Füllen Sie für die Kinder einige durchsichtige Gläser mit sprudelndem Mineralwasser. Die Kinder können nun einen Tipp abgeben: Was passiert, wenn sie einen kleinen Stein ins Glas werfen? – Der Stein wird untergehen. Was passiert, wenn sie ein Gummibärchen ins Glas werfen? – Auch das Gummibärchen geht unter, obwohl es viel leichter als der Stein ist. Was passiert, wenn sie zwei oder drei Rosinen ins Glas geben? – Die Rosinen sinken nur ganz kurz nach unten, dann trägt die Kohlensäure sie wieder nach oben und wirbelt sie im Glas umher, es sieht aus, als ob die Rosinen tanzen. Das liegt daran, dass die Rosinen leichter als die Gummibärchen sind, nicht so kompakt, sondern etwas flacher, und ihre Dichte geringer ist.

Weitere Ideen

- Lassen Sie die Kinder selbst testen: Was geht unter, was nicht? Dafür dürfen die Kinder vielleicht weitere Testobjekte sammeln, etwa geschälte Erdnüsse, Pfeffer- oder Samenkörner (Sonnenblumenkerne).
- Testen Sie in Mineralwasser mit Kohlensäure und daneben in Gläsern, die mit einfachem Leitungswasser gefüllt sind. Gibt es Ähn-

Das Rätsel der Kohlensäure: Wie kommt der Blubber in den Sprudel?

Limo, Cola-Getränke und Mineralwasser (umgangssprachlich Sprudel) prickeln im Mund und man muss davon viel mehr aufstoßen. Das liegt an der meist künstlich zugesetzten Kohlensäure. Aus manchen Quellen kommt allerdings schon natürlich mit Kohlensäure versetztes Mineralwasser.
Natürliche Kohlensäure steigt durch vulkanische Vorgänge aus dem Erdinnern nach oben und verbindet sich mit dem Tiefenwasser, sodass manchmal ein Mineralwasser mit natürlicher Kohlensäure direkt aus der Erde sprudelt.
Das, was wir gemeinhin so einfach als Kohlensäure bezeichnen, ist aber eigentlich gar keine Säure im chemischen Sinn, sondern ein Gas, und zwar Kohlendioxid. Dieses Gas entweicht Quellen in der Umgebung von Vulkanen. Erst in Verbindung mit dem Wasser entsteht dann Kohlensäure.

lichkeiten? Oder Unterschiede? Was könnte man daraus schließen?

- Zur Dokumentation bieten sich große Plakate an, auf denen die Kinder Wassergläser aufmalen: Ein Plakat ist für die tanzenden oder schwimmenden Versuchsobjekte vorgesehen, hier können die Kinder Rosinen und Körner und weitere getestete Gegenstände aufkleben. Auf das andere Plakat kommen dann die schwereren Objekte, die im Wasser untergehen.

Süß gemalt!

Wie Zucker Muster macht

Ab 3 Jahren

Kann ein Zuckerwürfel malen? Wenn man ihn vorher mit etwas Tinte oder Lebensmittelfarbe einfärbt, kann er sogar Muster in Wasser oder Milch malen!

Das brauchen Sie

- **Einige Zuckerwürfel**
- **Tiefe, weiße Teller**
- **Etwas Wasser**
- **Etwas Milch**
- **Lebensmittelfarbe oder Tinte in mindestens zwei verschiedenen Farbtönen**

Darum geht's

Wenn die Kinder ein Stück Würfelzucker in eine Tasse mit heißem Tee werfen, ist der Zucker irgendwann verschwunden. Dafür schmeckt der Tee süß. Wo ist der Zucker hin und wie genau löst er sich auf? Hier können die Kinder das Auflösen miterleben. Dazu schütten Sie gemeinsam eine kleine Menge Wasser in einen tiefen Teller. Der Tellerboden sollte gerade so bedeckt sein. Auf einen Zuckerwürfel (bitte weißen Haushaltszucker verwenden) träufeln Sie oder ein Kind einige Tropfen Lebensmittelfarbe, etwa Rot, auf einen zweiten Würfel kommt dann beispielsweise Blau. Die Kinder setzen die beiden Würfeln mit etwas Abstand in das Wasser auf dem Teller.

Das können die Kinder beobachten

Langsam beginnen sich die Zuckerwürfel aufzulösen. Dabei zerfallen sie und die Farbe beginnt das Wasser im Teller zu färben. Manchmal können die Kinder ganz gerade Farbgrenzen beobachten. Mit der Zeit beginnen diese Grenzen zu verschwimmen, in der Grenzzone bilden sich Mischfarben, hier beispielsweise Violett. Irgendwann ist der Zuckerwürfel ganz verschwunden.

Weitere Ideen

- Regen Sie die Kinder zum Weiterexperimentieren an: Gelingt dieses Experiment auch, wenn die Kinder statt Wasser Milch verwenden? Was passiert, wenn man vier verschiedenfarbige Zuckerwürfel in den Teller setzt?
- Statt Lebensmittelfarben können Sie auch farbige Tinten (beispielsweise aus Tintenpatronen geträufelt) verwenden.

Der große Eiertest

Versuche und Experimente mit Hühnereiern

Hühnereiern sieht man von außen meist nicht an, ob sie roh oder gekocht, frisch oder nicht mehr frisch sind. Wie könnte man das herausfinden?

Ab 4 Jahren

Das brauchen Sie

- **1 rohes, ungekochtes Hühnerei**
- **1 hart gekochtes (abgekühltes) Hühnerei**
- **1 ganz frisches Hühnerei**
- **1 Hühnerei, das schon mindestens eine, besser zwei oder drei Wochen alt ist, ungekocht**
- **Tablett**
- **2 große Gläser mit Wasser**
- **Flacher Teller**
- **Helle Lampe**

Darum geht's

Rohe, ungekochte Hühnereier lassen sich wegen der schwappenden Flüssigkeit im Innern kaum zum Rotieren bringen, wenn man versucht, sie zu drehen. Bei hart gekochten Eiern dagegen klappt das sehr gut. Frische Eier sinken im Wasser direkt nach unten. Verdorbene Eier schwimmen oben. Der Grund: Je älter ein Ei ist, desto mehr Wasser verdunstet durch die Schale. Der frei gewordene Platz im Ei füllt sich mit Luft. Die Luft lässt das Ei leichter werden.

Das können die Kinder herausfinden

Der Frische-Test: Die Kinder lassen das ganz frische Ei vorsichtig in ein Wasserglas sinken. Das Ei wird sofort untergehen, auf den Glasboden sinken und dort liegen bleiben. Falls Ihr Ei sich leicht schräg im Wasser aufstellt, sollten Sie es (nur gut durcherhitzt) bald verzehren. Schwimmt das Ei oben auf dem Wasser und geht nicht unter, ist es schon verdorben und sollte nicht mehr gegessen werden.

Der Roh-oder-gekocht-Test: Die Kinder probieren, die Eier auf dem Tablett zum Rotieren oder Drehen zu bekommen (wie einen Kreisel). Bei gekochten Eiern kann das schnell gelingen. Rohe Eier lassen sich kaum drehen, sie „eiern" höchstens etwas auf dem Tablett umher, woher sich auch die Bezeichnung „herumeiern" für langsames Taumeln oder Trödeln ableitet.

Weitere Ideen

Auch am Eidotter können die Kinder erkennen, ob ihr Ei noch gut ist: Schlagen Sie vorsichtig ein Ei auf und lassen Sie das Innere auf einen flachen, gerade stehenden Teller gleiten. Liegt das Eigelb genau in der Mitte, ist das Ei noch ganz frisch. Dann ist das Eiweiß nämlich noch nicht flüssig und der Dotter kann kaum an den Rand rutschen.

Eier gegen ein helles Licht oder eine starke Lampe halten: Bei frischen Eiern erkennen die Kinder den Eidotter durch die Schale hindurch, die bei frischen Eiern noch lichtdurchlässiger ist als bei älteren.

Eier schütteln: Gluckst es, ist das Eiweiß schon nicht mehr fest und schwappt im Ei umher. Das Ei ist nicht mehr frisch! Nicht mehr verzehren!

Wenn sich Pilze Luft machen

Die Wirkung von Hefe kennenlernen

Schon die alten Ägypter haben es vor einigen Tausend Jahren bereits gewusst: Hefe macht Teige weich, fluffig und füllig. Warum kann das so ein kleiner Würfel aus dem Frischeregal oder der Inhalt eines Tütchens aus dem Backzutatenbedarf?

Ab 4 Jahren

Das brauchen Sie

- **4 Tütchen Trockenhefe**
- **Zucker**
- **Warmes Wasser**
- **Salz**
- **4 Tassen**
- **Kleine Löffel**

Für den Brötchenteig (8 kleine Brötchen)

- **500 g Mehl**
- **300 ml lauwarmes Wasser**
- **1 Tütchen Trockenhefe**
- **1 Esslöffel Honig oder Zucker**
- **1 Prise Salz**
- **3 Esslöffel Milch oder Wasser zum Bestreichen**

Darum geht's

Hefe lässt Teige „aufgehen", das heißt sie verdoppeln ihr Volumen. Warum? Die Hefe aus dem Tütchen ist kein einfaches Pulver, sondern es sind Bakterien darin, die – mit Nährstoffen (Mehl, Zucker, Wasser) – aktiv werden und Luft in den Teig transportieren. Dies ist gut erkennbar an den kleinen oder großen Blasen in der Hefelösung oder in unserem Brötchenteig.

Das können die Kinder beobachten

Die Kinder füllen in jede Tasse den Inhalt einer Tüte mit Trockenhefe. In Tasse 1 geben sie etwas Salz, in Tasse 2 füllen sie Salz und etwas Wasser, in Tasse 3 kommt nur Wasser, in Tasse 4 füllen die Kinder etwas Wasser und ein bis zwei Teelöffel Zucker. Die Mischung in jeder Tasse gut verrühren und zehn Minuten mit Untertellern abgedeckt stehen lassen. Nach zehn Minuten gucken Sie gemeinsam nach: An Tasse 1 dürfte sich keine Reaktion zeigen, genauso bei Tasse 2. Bei Tasse 3 ist ebenfalls wenig zu sehen. In Tasse 4 dagegen müsste die Hefe nun mit dem Zucker oder Honig und dem Wasser reagiert haben und es müssten sich Blasen gebildet haben. Den Inhalt von Tasse 4 können Sie für das Brötchenrezept nutzen, bei dem die Kinder die Bläschen auch im Teig sehen können.

Weitere Idee

Die Kinder können ihre Versuchstassen auch probeweise auf die Heizung oder in den Kühlschrank stellen und ihre Hefe mit weiteren/ anderen Flüssigkeiten füttern: Honig und etwas warmes Wasser bringen die Hefe ebenfalls zum Arbeiten. Pfeffer, Salz oder Öl haben dagegen keinen Effekt. Mehr dazu lesen Sie im Kasten unten.

Mit Hefe backen

Brötchen mit den Heferesten

Das Hefe-Zucker-/Honig-Wasser-Gemisch zum restlichen Wasser geben, dann Salz und Mehl dazugeben, alles gut verrühren und dann verkneten, sodass ein glatter Teig entsteht. Die Kinder formen aus dem Teig etwa 8 (oder je nach Anzahl der Kinder auch 10 oder 12) Brötchen. Die Brötchen kommen mit etwas Abstand zueinander auf ein mit Backpapier ausgelegtes Backblech. Decken Sie die Brötchen mit einem Tuch zu und lassen Sie sie etwa 20 bis 30 Minuten an einem warmen Ort aufgehen. Nach Ablauf der Zeit können die Kinder feststellen, dass ihre Brötchen viel größer geworden sind und sich im Teig, etwa wenn ein Brötchen aufgeschnitten wird, Blasen und Luftkammern befinden. Die Kinder können die Brötchen mit einem Messer längs einritzen und mit Milch oder Wasser bestreichen. Im vorgeheizten Ofen müssen die Brötchen nun etwa 20 Minuten backen (je nach Ofen eventuell einige Minuten länger), bis sie goldbraun sind.

Geheimzutat Hefe: Was steckt im Hefetütchen?

Hefen sind biologisch gesehen winzig kleine Pilze, die aus nur einer Zelle bestehen. Wild kommen Hefepilze auch in der Natur vor, beispielsweise auf süßen Früchten wie Weintrauben. Unsere Backhefe besteht aus solchen einzelligen Lebewesen. Sie sind etwa sieben Mikrometer groß, rund oder oval. Entdeckt wurden diese Pilze von dem berühmten Forscher Louis Pasteur im Jahr 1857.

Wenn man die Hefepilzchen ordentlich füttert, beginnen sie ihre Arbeit. Sie bringen Teige oder Flüssigkeiten zum Gären: Ein Teil vom Zucker oder der Stärke wird dann zu einer (kleinen) Menge Alkohol und zu Kohlendioxid (einem Gas, das auch in der Atemluft vorkommt) umgewandelt. Das Gas (die Luft) im Teig lässt den Teig dann größer werden, so, als ob man Luft hineingepumpt hätte. Aber die Hefepilzchen sind auch empfindlich, sie arbeiten nur, wenn sie gut gefüttert werden und es gemütlich warm haben: Vor allem lieben Hefepilze Zucker und Stärke und wenn es um die 30 Grad warm ist. Kälte, Hitze (über 40 °C), Fett und Salz mögen sie gar nicht. Darum bekommt die Mischung in Tasse 4 schöne Blasen und Blubber, während die Hefe in den anderen Tassen faul bleibt.

Extra-Idee

Einen Kuchen im Apfel backen

Gibt es das? Einen Kuchen, der in einem Apfel steckt? Na klar, dafür müssen Sie nicht zaubern können. Hier finden Sie ein Rezept für die Apfelsaison:

Ab 3 Jahren

Das brauchen Sie

- **120 g Margarine oder weiche Butter**
- **60 g Zucker**
- **1 Teelöffel Vanilleextrakt**
- **1 Prise Zimt**
- **1 Prise Salz**
- **4 Eier**
- **250 g Mehl**
- **1 Tütchen Backpulver**
- **6 mittelgroße, feste Äpfel**
- **Etwas Zitronensaft**

Von den Äpfeln ein Hütchen (das obere Viertel quer) abschneiden und beiseitelegen. Die Äpfel nun vorsichtig mit langen Löffeln aushöhlen, dabei das Gehäuse und einen Teil des Fruchtfleischs entfernen, aber nur so viel, dass die Apfelwände noch komplett und ganz bleiben und noch mindestens einen halben Zentimeter dick sind. Die Äpfel innen mit etwas Zitronensaft beträufeln und beiseitestellen.

Butter, Zucker, Vanille, Zimt und Salz schaumig rühren, die Eier nacheinander dazurühren. Dann das Mehl gemischt mit dem Backpulver unterrühren. Die Masse auf die Äpfel verteilen. Dabei (wichtig!) die Äpfel höchstens bis zur Mitte füllen, weil der Teig noch stark aufgeht.

Die gefüllten Äpfel auf ein Backblech setzen und bei 180 °C etwa 30 Minuten backen. Kurz vor Ablauf der Backzeit die Hütchen aufsetzen und zu Ende backen. Bei zu langem Backen oder wenn die Apfelwände zu dünn sind, können die Äpfel aufplatzen, schmecken dann aber trotzdem immer noch superlecker!

Experimente in Wiese, Wald und Garten

Die Natur bietet uns jeden Tag aufs Neue etwas zum Staunen und Entdecken. Die meisten der folgenden kleinen Experimente und Versuche sind jahreszeitenunabhängig, können also sowohl im Sommer als auch im Winter stattfinden. Was Sie allerdings brauchen, ist ein Wald, ein Garten oder wenigstens eine möglichst naturbelassene Wiese ohne Dünger. Falls das Wetter einmal so gar nicht mitspielt, transportieren Sie Ihre Versuchsstation samt Forschungsobjekten einfach nach drinnen.

Zweifarbige Blüten

Ein Versuch mit der Kraft der Pflanzen

Die Blüten von Blühpflanzen erstrahlen oft in den schönsten Farben. Aber kann man diese Blüten auch selbst färben? Ein Versuch mit Schnittblumen zeigt es.

Ab 4 Jahren

Das brauchen Sie

- **Einige weiß blühende Schnittblumen (etwa Tulpen, Narzissen oder andere weiße Blumen)**
- **Wasser**
- **Tinte in zwei Farben**
- **Einige Gläser mit Wasser**
- **Messer**

Darum geht's

Die Kinder füllen zwei hohe Gläser mit Wasser. In das eine Glas kommen einige Tropfen rote Tinte, in das andere Glas einige Tropfen blaue Tinte. In jedes Glas stellen die Kinder eine weiße Blume. Ob die Blume ihr Aussehen verändert?

Das können die Kinder beobachten

Tatsächlich färbt sich die Blüte der Pflanzen nach einiger Zeit rosa oder hellblau. Warum? Im Pflanzenstängel gibt es Gefäße und Zellen, die das Wasser von unten nach oben leiten. Ist das Wasser gefärbt, färbt sich auch die Blüte.

Weitere Idee

Was passiert, wenn Sie für die Kinder den Stängel einer weiteren Blume bis kurz vor die Blüte längs aufschneiden und eine Hälfte des Stängels in das Glas mit dem blauen Wasser, die andere in das Glas mit dem rot gefärbten Wasser stellen? Staunen Sie mit: Die Blüte färbt sich auf einer Seite rot, auf der anderen blau oder – je nach Blume – violett.

Kern(chen)-Forscher

Samen und Kerne von Pflanzen kennenlernen

Bei dieser Aktion geht es nicht so sehr um einen Aha-Effekt, sondern eher darum, die Pflanzenvielfalt kennenzulernen. Je nach Jahreszeit können Sie sich eine eigene und individuelle Samensammlung anlegen oder einkaufen.

Ab 4 Jahren

Das brauchen Sie:

- **Samen, Körner und Kerne, selbst gesammelt oder gemeinsam eingekauft**
- **Fotos der zugehörigen Pflanzen oder Pflanzenteile**
- **Tonkarton**
- **Klebstoff, Stifte**
- **Undurchsichtige Fühlsäckchen**

Darum geht's

Die meisten Pflanzen vermehren sich durch Samen. Im **Frühling** hängen Samen beispielsweise an den kleinen Pusteblumenfallschirmchen. Legen Sie eine Samensammlung an. Sie können sie auch ergänzen, indem Sie Samen hinzukaufen: Sämereien aus der Gärtnerei (etwa von Kapuzinerkresse) können Sie ergänzen mit Kürbiskernen (eingekauft oder selbst gefunden), Kernen von Melonen und Trauben, Steinen von Kirschen, Pflaumen oder Pfirsichen.

Im **Sommer** finden Sie beispielsweise Sonnenblumenkerne in den Körbchen der Sonnenblume, Kernchen in den Gehäusen von Apfel und Birne, kleine Samen in den Früchten Weißdorn, Schlehe sowie Hasel- und Walsnüssess und Getreidekörnchen.

Im **Herbst** können Sie Eicheln, Kastanien und Bucheckern sowie Ahornsamen und Zapfen einsammeln.

Im **Winter** sammeln Sie die Kerne aus Orangen und Mandarinen und kaufen beispielsweise Linsen, Erbsen, Maiskörnchen dazu.

Wichtig: Alle Kerne von Fruchtfleisch befreien und einige Tage trocknen lassen. Dann sind sie einsatzbereit!

Das können die Kinder beobachten

Geben Sie Ihre Kerne in ein Fühlsäckchen. Hierbei können Sie die Schwierigkeit dem Alter Ihrer Kinder anpassen. Füllen Sie Ihr Wintersäckchen beispielsweise mit verschiedenen Nüssen, Orangen- und Apfelkernen und einigen Maiskörnern. Können die Kinder nur durch Tasten die Körnchen und Samen bestimmen?

Drucken Sie Fotos der ganzen Pflanzen oder ganzen Früchte aus, etwa eine Orange, eine Maispflanze und legen Sie die Fotos auf ein Tablett. Können die Kinder die Samen ihrer Pflanze richtig zuordnen?

Weitere Idee

Bestimmt möchten Ihre Kinder selbst Zeuge werden, wie aus kleinen Samen richtige Pflanzen wachsen. Säen Sie Kräutersamen auf der Fensterbank aus oder ziehen Sie eine Sonnenblume aus einem Sonnenblumenkern.

Wetterbericht aus dem Blumenbeet

Wie Pflanzen das Wetter vorausahnen

Wie das Wetter wird oder ob es sich demnächst ändert: Das verraten pflanzliche Wetterboten in Wald und Garten. An Gänseblümchen und Zapfen lassen sich prima Voraussagen ablesen.

Ab 4 Jahren

Das brauchen Sie:

- **Gänseblümchen (am besten in der freien Natur)**
- **Zapfen (am besten von Kiefern, können Sie auch mit nach drinnen nehmen)**
- **Ahorn-, Erlen-, Weiden- oder Rosskastanienbäume**
- **Silberdisteln (in Deutschland nur im Süden und Osten vorkommend)**
- **Ringelblumen**
- **Lupen**

Darum geht's

Am Verhalten mancher Pflanzen können die Kinder ablesen, wie das Wetter wird. Je nach Lage Ihrer Kita und Größe Ihres Kita-Gartens finden Sie einige der oben genannten Pflanzen bestimmt auch in Ihrer Nähe. Ringelblumen können Sie auch gemeinsam im Frühjahr aussäen und haben dann Ihre eigene Wetterstation direkt auf der Fensterbank oder im Beet.

Das können die Kinder beobachten

Ringelblume: Wenn die Ringelblumen morgens (etwa gegen 9 Uhr) ihre Blüten öffnen, bleibt es ganz sicher in den nächsten Stunden trocken (kein Regen). Bleiben die Blüten geschlossen, sollten Sie die Regenjacken parat halten.

Gänseblümchen: Steigt die Luftfeuchtigkeit (etwa bei nahendem Regen), ziehen die kleinen Blumen ihre Köpfchen ein und schließen ihre Blüten. Erst wenn das Wetter stabil genug ist, öffnen sie sich wieder.

Silberdistel: Silberdisteln kommen in Deutschland nicht überall vor, die besten Chancen haben Sie, wenn Sie in Süd- oder Südostdeutschland wohnen. Diese tollen Disteln mit den riesigen silberfarbenen Blüten sind sehr gute Wetteranzeiger: Wenn die Gefahr für Regen steigt, krümmen sich die Blätter und umschließen dann den Blütenkorb der Distel.

Bäume: Schnuppern Sie mal! Wenn Birken oder Linden besonders intensiv duften, droht Regen. Ahorne, Erlen, Weiden und Rosskastanien können ebenfalls Regen vorhersagen: Betasten Sie Blätter und Blattstiele. Fühlen sie sich feucht an, obwohl es noch gar nicht reg-

net? Dann steht eine Wetterverschlechterung an, denn die Bäume sondern dann Flüssigkeit aus den Zellen an Blättern und Blattstielen ab.
Zapfen: Schließen sich die Schuppen an den Zapfen der Nadelbäume, steht Regen an. Öffnen sie sich weit, wird das Wetter noch einige Stunden trocken bleiben.

Noch mehr Ideen

- Machen Sie mit den Kindern den Test: Sammeln Sie an einem Regentag einige Zapfen (beispielsweise von Fichte, Kiefer, Douglasie). Die Zapfen sind nun geschlossen. Nehmen Sie sie mit in die Kita. In der trockenen, warmen Luft werden sie sich bald öffnen. Der Grund: Bei trockenem Wetter öffnen sich die Zapfen, um die kleinen Samen zu entlassen, die zwischen den Schuppen sitzen, damit der Wind sie verbreitet. Bei Regen kann der Wind seine Aufgabe nicht übernehmen, die Samen würden vom Regen auf den Boden geregnet werden.
- Test Nummer 2: Malen Sie gemeinsam auf, wie sich die Pflanzen verhalten, und überprüfen sie die pflanzliche Vorhersage einige Stunden später anhand des nun herrschenden Wetters.

Hinweis

Achtung, einige Samen (etwa die von Goldregen und Pfaffenhütchen) sind giftig und sollten nicht gesammelt werden. Bohnen sind roh ebenfalls giftig!

Heiß oder kalt?

Warum sich Gegenstände aufheizen – oder auch nicht

Über heißen Sand am Strand zu laufen kann ganz schön schmerzhaft sein. Auf einer Wiese kann man sich dagegen auch bei großer Hitze nicht die Füße verbrennen. Warum nur werden manche Gegenstände heiß, andere dagegen überhaupt nicht?

Ab 3 Jahren

Das brauchen Sie

- **Sonneneinstrahlung (Fensterbank oder draußen)**
- **Je einen Bogen schwarzen und weißen Tonkarton**
- **Je ein schwarzes und weißes Stoffstück**
- **Versuchsobjekte aus Metall (Teelöffel, Schlüssel), aus Kunststoff (kleines Kunststoffspielzeug, Filzstift), aus Holz (kleines Holzspielzeug, Kochlöffel) und aus Stein (Kieselstein), Kork (Korken)**
- **Weitere Versuchsobjekte nach Ideen der Kinder**
- **Tuch oder Decke**

Darum geht's

Fragen Sie die Kinder, wie man herausfinden könnte, was heiß wird und was nicht. Die Kinder werden auf die Idee kommen, einen Hitzetest zu machen. Legen Sie einfach Ihre Testgegenstände (Ideen dazu finden Sie oben bei „Das brauchen Sie“) auf einem Tuch oder einer Decke in der direkten Sonneneinstrahlung aus und warten Sie.

Das können die Kinder beobachten

Nach einiger Zeit können die Kinder nachsehen. Falls Sie das Experiment im Sommer durchführen, ist Vorsicht angesagt, denn manche Gegenstände könnten sehr heiß geworden sein. Die Kinder können alle Gegenstände auf einem Block aufmalen. Sehr heiß gewordene Gegenstände bekommen nun beispielsweise ein rotes Kreuzchen oder einen roten Klebepunkt, warme Objekte einen gelben und Gegenstände, die sich überhaupt nicht oder nur wenig erwärmt haben, bekommen ein blaues Kreuzchen oder einen blauen Klebepunkt. Der Grund dafür, dass manche Objekte sich so aufheizen, liegt einerseits in der Farbe (dunkle/schwarze Objekte ziehen die Sonnenwärme an und speichern sie, weiße stoßen sie ab) und andererseits im Material, genauer gesagt in der Dichte: Sehr schwere Gegenstände mit großer Dichte (Metall, manche Steinarten) werden schneller heiß.

Weitere Idee

Selbstständig weiterexperimentieren können die Kinder mit noch mehr selbst gesuchten Gegenständen.

Algenblüte

Warum wird das Schwimmbad grün?

Ab 5 Jahren

Schwimmbäder, Vogeltränken, Brunnen, sogar das heimische Aquarium und die Dachziegeln auf dem Dach: An vielen Stellen mit Wasser bildet sich ein grüner Bewuchs: Algen machen sich breit. Aber warum? In diesem Versuch können die Kinder selbst Algen züchten.

Das brauchen Sie

- **Eine große Vase aus durchsichtigem Glas oder 1 Blumenschale mit Boden ohne Loch**
- **Wasser aus einem Bach, einem Teich oder einer Pfütze**
- **Transportgefäß**
- **Flüssigdünger**

Darum geht's

In fast jedem Gewässer kommen Algen vor. Häufig sind sie mikroskopisch klein und für unsere Augen nicht zu erkennen. Aquarien- und Teichbesitzer ärgern sich über die grüne Pracht. Allerdings sind hier nicht die Algen das Problem. Sie zeigen nur an, dass im Wasser etwas nicht stimmt, denn Algen vermehren sich immer dann besonders stark, wenn es im Wasser zu viele Nähr- oder andere Stoffe gibt, die nicht mehr abgebaut werden können. Dann werden aus den kaum sichtbaren Mini-Algen immer mehr, bis grüne Algenkolonien entstehen, die jeder sofort sehen kann.

Der Beweis: Holen Sie mit den Kindern Wasser aus einem See, Tümpel oder Bach in Kita-Nähe. Gemeinsam mit einer kleinen Menge (etwa ein kleiner Becher voll) Flüssigdünger geben Sie dieses Wasser in ein Gefäß. Nun müssen Sie nur noch einige Tage warten …

Das können die Kinder beobachten

Die Algen ernähren sich von dem Nährstoffangebot aus dem Dünger im Wasser. Und weil sich das stehende Wasser nicht mehr selbst reinigen kann, vermehren sich die Nährstoffe immer rasanter. Oft wachsen die Algen zunächst nur als dünner Teppich auf Oberflächen, mit der Zeit entstehen kurze Ketten, die sich ablösen und im Wasser treiben. Bei Wärme bilden sich vielleicht auch Gasblasen an Ihren Algen (mit der Lupe gucken!), wodurch die Algen dann auch an die Wasseroberfläche gezogen werden.

Gefährliche und wichtige Algen

Jedes zweite Sauerstoffmolekül wird heute von Algen geschaffen. Algen sind die Lunge der Erde und sorgen für den Sauerstoff, den wir so dringend zum Atmen benötigen. Damit sind Algen auch für unser Klima wichtig. Sie sind Nahrungsquelle für viele Lebewesen wie Plankton, Fische, Krebse und Wale. Gefährlich werden Algen erst, wenn sie in Massen in Form einer Algenblüte auftreten.

Mein kleines Mini-Biotop

Einen Garten im Glas anlegen

Ab 5 Jahren

Ein eigener kleiner Garten erfordert schon etwas Geduld und Durchhaltevermögen von den Kindern. Dafür lebt dieses kleine Mini-Biotop in Ihrem Kita-Alltag mit und ermöglicht jedem Kind eine kleine, individuelle selbst gestaltete Mini-Welt.

Das brauchen Sie

- **Für jedes Kind ein großes, stabiles Glas (etwa ein großes Einweckglas mit durchsichtigem Deckel) oder eine durchsichtige verschließbare Flasche mit dickem Hals (etwa von Milch)**
- **Blumenerde**
- **Eine Handvoll kleine Kieselsteine (Splitt, Kies oder Pflanzengranulat mit sehr kleiner Körnung)**
- **Trichter, lange Pinzetten oder Zangen und Löffel mit langem Griff**
- **Kleine Pflänzchen aus Wald und Garten (Klee, kleine Farne, Gänseblümchen)**
- **Steine und Rindenstücke als Dekoration**

Darum geht's

In einem verschließbaren Glas oder einer Flasche können sich die Kinder ein Biotop anlegen, in dem sich Leben bildet und das ein eigenes kleines Biotop wird: In das Glas geben die Kinder nach Wunsch oder Notwendigkeit mithilfe des Trichters eine kleine Schicht (etwa daumenhoch) Steinchen. Darauf kommt eine etwas dickere Schicht Erde. Wichtig: Das Glas oder die Flasche insgesamt nur höchstens zur Hälfte füllen! Diese Erde kann und soll neben der Blumenerde auch etwas Erde aus Wald oder Garten enthalten. Hier pflanzen die Kinder ihr Pflänzchen ein. Dabei können sie auch Pinzetten, Zangen oder lange Löffel verwenden, wenn sie mit den Händen nicht bis ins Glas kommen können. Zum Schluss den Flaschen- oder Glasgarten vorsichtig gießen.

Das können die Kinder beobachten

Mit verschlossenem Deckel hält es dieser Garten sehr gut an einem hellen Ort, etwa auf der Fensterbank, aus. Vermeiden sollten Sie allerdings direkte Sonneneinstrahlung. Wenn das Glasinnere am Morgen beschlagen ist, über den Tag hinweg aber trocknet, ist alles in Ordnung. Kondensiert den ganzen Tag über das Wasser an den Glaswänden, ist es zu nass im Minigarten. Dann das Glas oder die Flasche einige Tage geöffnet oder ganz ohne Deckel stehen lassen.

Noch mehr Ideen

- Statt der erwähnten Pflanzen eignen sich auch andere winzig kleine und bodennahe Pflanzen für den Garten, etwa Moose, Walderdbeeren oder Heidekraut.
- Sollte die Pflanze trotzdem welken, kann das an Schimmel in der eingepflanzten Erde liegen.

Das Waldtelefon

Schallübertragung am Baumstamm

Ab 2 Jahren

Holz kann sehr gut Geräusche leiten. Das beweist schon die Tatsache, dass viele Musikinstrumente aus Holz hergestellt sind. Aber ein ganzer Baumstamm ...? Staunen Sie mal! Mit diesem Experiment können Sie die Kinder bei einem Waldspaziergang überraschen.

Das brauchen Sie

- **Einen frisch gefällten Baumstamm, mindestens 2 m lang (nicht morsch!)**

Darum geht's

Holz ist ein guter Leitstoff für Klänge und Töne. Darum bestehen auch viele Musikinstrumente wie Geigen oder Trommeln unter anderem aus Holz. Das funktioniert sogar bei einem ganz dicken Holzstück, wie beispielsweise einem im Wald gefundenen Baumstamm: Ein Kind setzt sich an das eine Ende des Stamms, das andere nimmt am anderen Ende Platz. Ihr Baumstamm sollte an beiden Enden gerade abgeschnitten sein. Das erste Kind klopft nun mit der Hand oder den Knöcheln auf das eine Ende am Baumstamm. Das andere Kind presst sein Ohr gegen das andere Ende.

Das können die Kinder beobachten

Das lauschende Kind kann überraschend gut und laut die Klopfgeräusche vernehmen. Machen Sie doch ein Spiel daraus: Das lauschende Kind soll raten, wie oft der Geräuschegeber klopft (mitzählen).

Weitere Idee

Die Kinder können auch einen kleinen Takt klopfen, etwa lang-kurz-lang. Erraten es die Kinder, die gerade mit dem Lauschen an der Reihe sind? Können sie den gehörten Takt nachklopfen? Dann kann das Kind am anderen Ende sein Ohr aufdrücken und nachhören, ob alles korrekt war.

Weißes Gras

Eine Draußen-Versuchsstation

Ein Stückchen Wiese oder Rasen benötigen Sie für diesen Versuch, der draußen stattfindet. Hier können die Kinder direkt sehen, warum Pflanzen Sonnenlicht brauchen.

Ab 3 Jahren

Das brauchen Sie

- **Ein Stück Karton oder feste Pappe**
- **Einen großen Stein**
- **Rasen oder kurz geschnittene Wiese**

Darum geht's

Pflanzen brauchen Sonne zum Wachsen, heißt es immer, aber stimmt das auch? Lassen Sie es die Kinder einfach selbst testen: Die Kinder legen ein Stück Karton oder Pappe an eine Stelle auf dem Rasen oder der Wiese. Zum Beschweren setzen die Kinder einen schweren Stein, beispielsweise einen Backstein, auf die Pappe. Erst nach einigen Tagen nehmen die Kinder den Karton wieder weg.

Das können die Kinder beobachten

Der Rasen unter dem Karton ist fast weiß geworden (hellgrün oder hellgelb). Warum? Die Graspflanzen benötigen wie alle anderen Pflanzen auch das Sonnenlicht als Nahrung. Anders als Menschen und Tiere ernähren sich Pflanzen ausschließlich von unbelebter Materie (bis auf einige fleischfressende Pflanzen als Ausnahmen). Ohne das Sonnenlicht fehlt den Gräsern die Energie. Sie können den Blattfarbstoff Chlorophyll, der dafür sorgt, dass Pflanzenblätter und Gräser grün sind, nicht mehr bilden, denn er kann nur unter Lichteinfluss hergestellt werden. So verlieren die Gräser ihre grüne Farbe.

Weitere Idee

Wenn Sie schon einmal draußen sind, graben Sie eine kleine Handvoll Erde aus. Die Kinder verteilen sie auf schwarzem und weißem Papier. Warten Sie einige Minuten. Dann gucken die Kinder die Erde bei gutem Licht (unter einer sehr hellen Lampe) mit Lupen an: Sie werden staunen, was sich darin alles an Kleinstlebewesen tummelt! In einer solchen Handvoll Erde wohnen mehr Lebewesen als Menschen auf der Erde.

Woraus die Erde besteht

Bodenschichten entdecken

Ab 3 Jahren

Wir laufen jeden Tag darauf herum, aber trotzdem weiß niemand so recht, aus was denn eigentlich die Erde im Wald, unter der Wiese, im Garten oder Park besteht. Da können die Kinder doch einfach einmal nachschauen.

Das brauchen Sie

- **Einige große Einmachgläser mit Deckeln**
- **Natronpulver (aus dem Backregal)**
- **Wasser**
- **Etwas Erde / Bodenerde aus Wald oder Garten**

Die Kinder füllen die Gläser etwas über die Hälfte mit Wasser. Ins Wasser geben die Kinder pro Glas etwa einen Teelöffel Natronpulver. Als Nächstes kommen einige Esslöffel der Erde ins Glas. Nun verschließen die Kinder ihre Gläser fest mit den Deckeln. Kräftig und mindestens eine Minute lang schütteln und dann das Glas ruhig auf eine ebene Fläche stellen.

Das können die Kinder beobachten

Schon nach einige Sekunden können die Kinder sehen, dass sich erste Teilchen auf dem Glasboden absetzen, und zwar vor allem der Sandanteil. Denn die Sandkörnchen sind die schwersten Bestandteile und sinken sehr schnell zu Boden. Die nächsten Körnchen, die sich über dem Sand niederlassen, gehören zu Erdbestandteilen, die „Schluff“ genannt werden. Über die nächsten Tage hinweg lagert sich eine letzte Schicht ab, die vor allem aus Ton besteht. Aus diesen drei Bestandteilen, Sand, Schluff und Ton, besteht die Erde im Boden.

Weitere Idee

Die Kinder können weitere Bodenproben an anderen Stellen entnehmen und auch hier die Schüttelprobe machen: Entstehen hier unterschiedlich dicke Schichten?

Extra-Idee

Insektenstiche lindern mit selbst gefundenen Kräutern

Das passiert leider oft: Draußen im Wald und auf der Wiese tummeln sich nicht nur die Kinder gern, sondern auch jede Menge Stechinsekten. Aber gegen das Jucken und Brennen gibt es Hilfe vor Ort. Wie fast gegen alles, ist auch gegen einen Insektenstich ein Kraut gewachsen.

Das brauchen Sie

- **Breitwegerich oder Weidenröschen**

Ab 3 Jahren

Breitwegerichblätter (die dicken, fetten, breiten Blätter mit den Längsnerven) mit etwas Wasser oder Speichel in der Hand zerdrücken und dann auf den Stich drücken. Genauso bei Blättern und/oder Blüten vom Weidenröschen vorgehen.

Weidenröschen

An Waldsäumen wachsen sie oft in großer Zahl: Weidenröschen haben hübsche rosafarbene bis pinkfarbene Blüten. Die Schmalblättrigen Weidenröschen haben sogar sehr viele und ziemlich große Blüten. In einem Naturführer finden Sie diese Blume sofort und ab Juni wächst sie sicher auch in Ihrem Kita-Wald. Kleinere Blüten haben Nickendes und Kleinblütiges Weidenröschen.

Versuche rund um Sonne, Licht und Schatten

Licht ist ein prima Versuchsgegenstand, denn es ist tagsüber immer da und kostet nichts. Für einige der folgenden Experimente benötigen Sie pralles Sonnenlicht, aber die meisten funktionieren auch im Winter oder an einem Regentag drinnen. Etwas Hintergrundwissen für Sie selbst zum (Sonnen-)Licht finden Sie ganz am Ende des Kapitels.

Schwarz und Weiß und Licht

Ein Experiment mit Hell und Dunkel

Schwarz und Weiß verhalten sich bei Sonneneinstrahlung ganz unterschiedlich. Weiß macht hell, Schwarz dunkel, oder? In diesem Versuch können die Kinder das direkt selbst herausfinden.

Ab 4 Jahren

Das brauchen Sie

- **Einen Bogen weißes Papier**
- **Einen Bogen schwarzes Papier**
- **Eine Taschenlampe**
- **Einen abdunkelbaren Raum**

Darum geht's

Weiß und Schwarz und genauso auch helle und dunkle Farben reagieren unterschiedlich auf Sonneneinstrahlung. Aber stimmt das? Mit einem ganz einfachen Experiment können die Kinder erfahren, was Reflexion bedeutet. Dazu dunkeln Sie den Raum etwas ab.

Das können die Kinder beobachten

Ein Kind hält das weiße Papier. Ein anderes Kind bestrahlt das Papier aus nicht allzu weiter Entfernung mit der Taschenlampe. Dann hält das Kind das schwarze Papier und das andere Kind strahlt es mit der Taschenlampe an. Und wieder wechseln. Und noch einmal. Und noch einmal: Fällt den Kindern etwas auf? Richtig, wird das weiße Papier angestrahlt, ist es in dem Raum zwischen Taschenlampe und Papier viel heller, als wenn das Licht auf das schwarze Papier fällt. Beim schwarzen Papier wirkt es, als würde das Licht richtiggehend verschluckt. Warum? Schwarz absorbiert Licht, Weiß dagegen reflektiert es – das bedeutet, dass die Lichtstrahlen von einer weißen Oberfläche einfach wieder weggeschickt werden, während schwarze Oberflächen das Licht bei sich behalten.

Weitere Ideen

- Genauso wie mit dem Licht verhält es sich auch mit der Sonnenwärme: Schwarz hält die Wärme fest, während Weiß sie wegschickt. Darum ist es im Sommer in schwarzen Autos, wenn sie lange in der Sonne gestanden haben, viel heißer als in weißen.
- In einem weiteren Experiment können die Kinder zwei Gläser mit Wasser jeweils auf einem weißen und einem schwarzen Papier in die pralle Sonne stellen: In welchem Glas wird das Wasser wohl wärmer?

Schattenmaler

Ein Bewegungsspiel für Sonnentage

Ab 3 Jahren

Bei intensivem Sonnenlicht kann man ihn am besten sehen: den Schatten. Aber warum? Und warum sehen Schatten je nach Tageszeit ganz unterschiedlich aus? Im folgenden Spiel können sich die Kinder Interessantes zum eigenen Schatten selbst erschließen.

Das brauchen Sie

- **Straßenkreide**

Darum geht's

Genau um die Mittagszeit steht die Sonne (zumindest im Sommer) ganz hoch am Himmel. Darum fällt dann kaum ein Schatten oder der Schatten ist nur ganz klein. Ganz anders abends: Jetzt erscheint unser Schatten ganz lang gezogen. Denn jetzt steht die Sonne schon nah am Horizont und strahlt uns mit ihren Licht von vorne (statt von oben) an.

Das können die Kinder beobachten

Beim Laufen und Toben können die Kinder einmal ihren eigenen Schatten beobachten: Der Schatten macht alles mit, was sie selbst gerade tun, aber er sieht nicht immer gleich aus. Probieren Sie das Schattenlaufen am frühen Vormittag und noch einmal um die Mittagszeit. Die Kinder malen ihren Schatten mit Kreiden nach. Dazu finden sich immer Schattenpaare: Ein Partner bleibt in einer lustigen Pose stehen, der andere malt seinen Schatten nach und trägt – eventuell mit etwas Hilfe – den Namen des Kindes ein. Dann werden die Rollen gewechselt. Jetzt können die Kinder genau sehen, dass Schatten je nach Tageszeit unterschiedlich aussehen. Fragen Sie die Kinder nach Erklärungen.

Weitere Idee

Die Kinder können das Schattenwerfen einfach mit einer hellen Lampe oder Taschenlampe und einen Kuscheltier nachstellen: Strahlen Sie das Tier von oben an, wirft es nur einen ganz kleinen Schatten, strahlen sie es dagegen von der Seite an, wird der Schatten immer länger. In welcher Position sieht der Schatten am realistischsten (der echten Figur am ähnlichsten) aus?

Einfache Sonnenuhr

Eine Tagesablaufuhr mit der Sonne gestalten

Für diese Sonnenuhr brauchen Sie weder Kompass noch Geodreieck oder Winkelmesser. Allerdings sollte sich für dieses Experiment die Sonne blicken lassen, und zwar am besten an mehreren Tagen hintereinander.

Ab 5 Jahren

Das brauchen Sie

- **Eine runde Pflanzschale**
- **Dicker Stein**
- **Sandkastensand**
- **Stock**
- **Kieselsteine**
- **Zettel und Filzstifte**
- **Uhr**
- **Klebestreifen**

Darum geht's

Seit vielen Hundert Jahren messen die Menschen die Zeit mithilfe von Sonnenuhren. Für Kinder ist der Begriff der Uhrzeit allerdings oft noch sehr vage. Gut kennen sich Ihre Kids dagegen mit Tageszeiten aus. Und genau die können sie hier mithilfe der Sonne bestimmen.

Das können die Kinder beobachten

Verschließen Sie das Loch in der Pflanzschale mit einem flachen, großen Stein. Die Kinder füllen die Schale bis an den Rand mit Sandkastensand. Genau in die Mitte stecken die Kinder den Stock. Schon fällt der Schatten vom Stock irgendwo auf das „Ziffernblatt". Gehen Sie kurz vor Mittag oder kurz vor dem Mittagessen mit den Kindern nach draußen zur Sonnenuhr. Gleichen Sie die Uhrzeit auf einer echten Uhr ab: Ist es beispielsweise fast 11:30 Uhr, dann markieren Sie am Rand auf dem Blumentopf mit einem Filzstift einen Strich. Die Kinder malen einen Zettel mit einem Symbol für Mittagessen, etwa ein Besteck oder ein leckeres Essen. Den Zettel kleben die Kinder am Blumentopf am Strich für halb zwölf fest. Wählen Sie weitere markante Punkte im Kita-Ablauf aus, zu denen Sie mit den Kindern die Sonnenuhr bestücken: mit Strich und Zettel für die Mittagsruhezeit, für den Morgenkreis, für eine Zwischenmahlzeit … – je nach Ihren Terminen. So stellen Sie Ihre eigene Tagesablauf-Sonnenuhr her.

Weitere Ideen

- Die Kinder können nun jeden Tag auf ihrer Uhr nachsehen, wie die Zeit wandert, und die Uhr immer wieder ausgestalten.
- Alternativ kann sich auch jedes Kind seine eigene Uhr herstellen. Dazu können die Kinder einfach runde Pappteile zuschneiden und in der Mitte einen Stock einstecken.
- Ermutigen Sie die Kinder zum Weiterexperimentieren: Was passiert, wenn man die Uhr dreht oder an einen anderen Platz stellt? Funktioniert die Uhr auch noch einen oder zwei Monate später?

Bitte einmal extradunkel!

Einen Kernschatten selbst machen

Ab 3 Jahren

Schatten sind spannend. Auch wenn bei Ihnen gerade kein Sonnenschein herrscht, können Sie Schattenversuche durchführen, und zwar einfach mit zwei hellen Lampen (am besten kabellos) oder Taschenlampen. Optimal ist ein leicht abgedunkelter Raum mit einer hellen, freien Wand.

Das brauchen Sie

- **Zwei helle Lampen oder Taschenlampen**
- **Weiße oder helle Fläche an der Wand**
- **Einen leicht abgedunkelten Raum**

Darum geht's

Schatten verändern sich mit wechselndem Abstand der Lichtquelle und je nachdem, aus welcher Richtung das Licht kommt. Treffen zwei Schatten aufeinander und überlappen sich, entsteht der sogenannte Kernschatten. Die Kinder können einfach selbst mit Schatten experimentieren. Dabei wird fast automatisch ein Kernschatten entstehen:
Ein Kind stellt sich mit etwas Abstand vor die helle Wand. Die anderen Kinder leuchten es aus einiger Entfernung mit einer Lampe an, sodass es einen Schatten wirft. Dieser Schatten verändert sich, wenn die Kinder mit der Lampe näher herangehen (größerer Schatten) oder sich damit weiter vom Kind wegbewegen (der Schatten wird kleiner). Was passiert, wenn die Kinder das Kind mit zwei verschiedenen Lichtquellen anleuchten?

Das können die Kinder beobachten

Die beiden Lichtquellen erschaffen nun auch zwei Schatten. Die beiden Schatten können sich auch überlappen. Können die Kinder das mit den Lampen erreichen? Der Bereich, in dem sich die beiden Schatten überlappen, ist ganz besonders dunkel, es ist der Kernschatten. Kein einziger Lichtstrahl dringt in diesen Bereich ein.

Weitere Ideen

- Eine Lichtquelle (ein Kind mit Taschenlampe) bleibt stehen, während sich die andere bewegt. So können die Kinder besser sehen, wie sich der Schatten verändert.
- Was passiert, wenn sich beide Lichtquellen hintereinanderstellen?
- Wie wäre es mit einem Schattentheater?

Hinweis: Achtung, die Kinder sollten sich mit den Lichtquellen nicht direkt in die Augen leuchten!

Welche Farben stecken in Schwarz?

Chromatografie mit Filzstiften

Das Schwarz, das aus der Mine der allermeisten Filzstifte kommt, wurde einfach nur aus mehreren Farben zusammengemischt, bis es ganz dunkel und damit schwarz aussieht. Was man das herausfinden könnte? Mit einer Chromatografie!

Ab 4 Jahren

Das brauchen Sie

- **Schwarze (nicht wasserfeste) Filzstifte**
- **Weitere Filzstifte in bunten Farben**
- **Runde Kaffeefilter (ersatzweise herkömmliche Kaffeefilter), Teefilter oder Löschpapier**
- **Tiefe Unterteller oder sehr kleine Schalen**
- **Leitungswasser**

Darum geht's

Für dieses Experiment benötigen Sie besonders saugfähiges Papier, etwa Kaffeefilter. Sehr schön sehen die kreisrunden Kaffeefilter mit Loch in der Mitte aus, die in größeren Kaffeemaschinen benutzt werden. Sie können aber auch Teefilter oder normale Kaffeefiltertüten benutzen, die Sie am besten auseinanderschneiden oder in einer Form Ihrer Wahl zuschneiden.

Die Kinder malen mit dem schwarzen Filzstift einen dicken Streifen mit viel Farbe auf das Papier. Bei runden Papieren sieht es schön aus, wenn die Kinder den Streifen rund um die Öffnung in der Kreismitte malen. Aus Filterpapierresten drehen Sie ein kleines Röhrchen, das die Kinder in die Öffnung im Kreis stecken. Diese Konstruktion stellen die Kinder in einen nur ganz wenig mit Wasser gefüllten, tiefen kleinen Teller, sodass das Papier nicht das Wasser berührt, sondern nur die Röhrchen Kontakt mit dem Wasser haben.

Das können die Kinder beobachten

Das Wasser steigt durch das Röhrchen hoch und „kriecht" durch das bemalte Papier. Nun beginnt sich die Farbe abzusetzen. Sie zerfließt und dabei zeigen sich unterschiedliche bunte Farben: die Farben, aus denen das Schwarz zusammengemischt wurde.

Weitere Idee

Wie wäre es, wenn die Kinder ihre Filterpapiere ganz leicht mit Sprühpistolen besprühen und dann draußen auf einer Wäscheleine aufhängen?

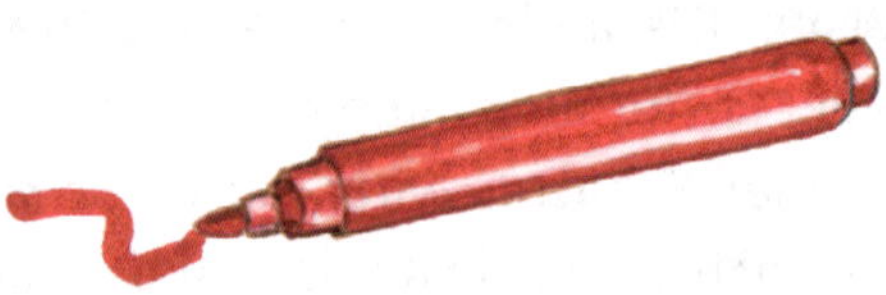

Chromatografie

Die Chromatografie ist ein chemisches Testverfahren. Mithilfe der Chromatografie kann man feststellen, ob ein Stoff ein sogenannter Reinstoff ist oder ob er aus einem Stoffgemisch besteht.

Wie falle ich auf?

Herausfinden, welche Farben man im Dunkeln erkennen kann

Im Straßenverkehr ist es besonders wichtig, dass man Autofahrern im Dunkeln auffällt. Aber welche Farben haben diese Wirkung und kann man überhaupt noch Farben erkennen, wenn es dunkel ist? Ein Test bringt die Wahrheit ans Licht.

Ab 3 Jahren

Das brauchen Sie

- **Einen großen Bogen festes Malpapier oder Karton in Weiß**
- **Viele Filzstifte und Textmarker**

Darum geht's

Wie könnte man herausfinden, ob man Farben im Dunkeln noch sehen kann? Oder ob man vielleicht nur manche Farben erkennen kann, wenn es dunkel ist? Die Kinder können sich selbst Lösungen überlegen. Eine könnte sein, Farben in einem dunklen Raum zu betrachten: Die Kinder malen Häuschen oder Kästchen auf das Malpapier. Die Kästchen malen die Kinder in verschiedenen Farben an, darunter sollten sich auch Kästchen befinden, die weiß bleiben, und solche, die die Kinder mit den neonfarbenen Textmarkern bemalen.

Das können die Kinder beobachten

Mit dem Farbenplakat begeben Sie sich mit den Kindern in einen Raum, den sie ganz dunkel gestalten können. Ängstliche Kinder können beispielsweise Taschenlampen mitnehmen und an der Hand ihres Freundes oder nah bei Ihnen bleiben. Die Kinder betrachten das Plakat zunächst im Licht, dann bei wenig Licht und schließlich in der völligen Dunkelheit (nur kurz, falls die Kinder ängstlich werden!). Die Kinder werden merken: In der völligen Dunkelheit kann man gar nichts mehr sehen. Die Neonmarker, die im hellen Licht so auffällig sind, sind nicht besser zu erkennen als die anderen Farben, wenn es dunkel ist. Am besten sind, wenn es nicht vollkommen dunkel ist, noch die ganz hellen Farben, vor allem Weiß, zu erkennen.

Weitere Idee

Wie sollte man sich also am besten im Straßenverkehr anziehen? Machen Sie eine Ideensammlung mit den Kindern, wie man Autofahrern auffallen könnte, und nehmen Sie auch Hologrammfolien, Blinker, Kinderschuhe mit Leuchteffekten und Leuchtaufsätze für Kleidung und Fahrräder unter die Lupe.

Lichterspiele

Wie man sich einen Regenbogen zaubern kann

Regenbogen sind echte kleine Wunder. Oder doch eher ein einfaches Zusammenspiel von Licht und … was denn eigentlich? Wie entsteht die Farbenpracht am Himmel und könnte man das auch selbst machen?

Ab 3 Jahren

Das brauchen Sie:

- **Ein Blatt weißes Papier**
- **Ein durchsichtiges Trinkglas**
- **Gartenschlauch und Wasseranschluss**
- **Sonnenlicht**

Darum geht's

Es ist ganz leicht, sich einen Regenbogen selbst zu machen. Bevor Sie den Kindern zeigen, wie das geht, können diese selbst Ideen entwickeln. Am besten kommen sie dem Phänomen auf die Spur, wenn sie genau hingucken, wo sich im Alltag Mini-Regenbogen bilden – oft ohne dass wir es bewusst bemerken: etwa wenn Sonnenlicht durch Lupen oder Gläser fällt oder auf der Schicht, die auf dem kalten Tee in der Tasse schwimmt.

Das können die Kinder beobachten

Die Kinder legen ein Blatt weißes Papier auf einen Tisch oder den Boden möglichst nah an direkter Sonneneinstrahlung. Ein Glas aufstellen und mit etwas Glück entsteht ein Mini-Regenbogen auf dem Papier.
Auch möglich, wenn Sie einen Gartenschlauch und einen Wasseranschluss im Kita-Garten haben: Die Düse auf feinen Sprühregen einstellen (oder den Daumen auf die Öffnung pressen, sodass das ausströmende Wasser eine Sprühwand bildet). Nun müssen Sie nur noch im richtigen Winkel zur Sonne stehen (die Sonne in ihrem Rücken, vor ihnen die Wasserwand).

Regenbogen

Ein Regenbogen entsteht, wenn Sonnenlicht auf eine Wand aus Regentröpfchen oder Feuchtigkeitströpfchen fällt und sich der Betrachter genau dazwischen befindet. Das Sonnenlicht wird von den funkelnden Tröpfchen in seine einzelnen Farben zerlegt. Diese Farben erscheinen immer in der gleichen Reihenfolge, auch bei den selbst gemachten Regenbogen, und zwar von unten nach oben in Rot, Orange, Gelb, Grün, Blau, Violett.

Morsezeichen

Kommunikation durch Licht

Ab 5 Jahren

Nicht nur mit Worten und dem Ausdruck von Körper und Gesicht kann man sich verständigen, auch bestimmte Zeichen eignen sich zur Kommunikation. Diese Techniken verwenden die Menschen seit vielen Jahrhunderten, beispielsweise über weite Entfernungen hinweg. Möchten die Kinder eigene Nachrichten erfinden, die sie nur per Licht senden können?

Das brauchen Sie

- **Taschenlampen, LED-Lichtchen, Lichterketten, Schuhe mit Blink- oder Leuchteffekten und alles, was leuchten kann, indem es an- und ausgeknipst wird**

Darum geht's

Früher entzündeten die Menschen auf der Spitze hoher Berge Leuchtfeuer, um sich über weite Entfernungen Signale zu senden. Das war toll, weil es viel schneller ging, als wenn Boten zu Fuß oder zu Pferd die Entfernung bewältigten. Kennen die Kinder Leuchtsignale, die noch heute verwendet werden (Blaulicht bei Polizei, Notarzt und Feuerwehr, Gelblicht von Verkehrsfahrzeugen, Leuchttürme, Ampeln, Leuchtreklamen, …)?

Das können die Kinder beobachten

Mit einem Leuchtmittel, beispielsweise einer Taschenlampe, kann man lange leuchten (machen Sie es vor: etwa drei Sekunden) oder nur ganz kurz (nur ganz kurz aufleuchten lassen). Welche Nachrichten könnte man daraus gestalten? Können die Kinder sich gegenseitig Nachrichten senden? Es gibt ein internationales Signal, wenn jemand Hilfe braucht, genannt SOS: Dazu leuchtet man dreimal kurz, dann dreimal lang, dann wieder dreimal kurz.

Weitere Idee

Wenn es draußen noch (oder schon) dunkel ist, kann ein Kind im Rauminnern den Kindern vor dem Fenster etwas morsen, indem es das Licht an- und wieder ausmacht.

Morsezeichen

Morsezeichen sind Zeichen, mit denen Buchstaben, Ziffern oder ganze Nachrichten übermittelt werden können. Als Signale stehen hierfür lang, kurz und Pause zur Verfügung. Man kann mit Licht oder Ton morsen. Die so in Ton oder Licht verpackte Botschaft heißt Code. Es gibt einen internationalen Morsecode, der überall auf der Welt gleich ist.

Ihr Rucksack-Wissen

Über Farben und Licht

Für Rückfragen der Kinder gerüstet sind Sie mit diesem kurzen Rucksack-Wissen über das Licht und Farben.

Warum haben wir Sonnenlicht?

Die Sonne ist hell und heiß, aber warum? Sonnen wie unsere gibt es unendlich viele im Universum. Sie heißen Sterne. In der Sonne unseres Sonnensystems verschmelzen zwei Stoffe miteinander (Wasserstoffatome verschmelzen zu Helium). Dabei wird enorm viel Energie freigesetzt. Diese Energie erreicht in Form von Licht und Wärme unsere Erde. Manchmal kann man das Licht in Strahlen sehen, wie etwa im Wald, wenn Sonnenstrahlen durch Bäume und Nebel scheinen.

Das Licht als Strahl oder Welle

Wenn ein Lichtstrahl in einem bestimmten Winkel auf ein Glas trifft, kommt er in einem anderen Winkel hinter dem Glas heraus. Diese Beobachtung hat den Namen „Brechung" bekommen. Der berühmte Wissenschaftler Isaac Newton fand heraus, dass man Lichtstrahlen in Farben zerlegen kann. In diesem Heft brechen die Kinder beispielsweise das Licht durch ein Glas auf einem weißen Blatt Papier. Hier kann man den Beweis sehen, dass sich Licht in einzelne Farben zerlegen lässt.

Die Farben des Lichts

Diese Farben nennt man Spektralfarben. Sie sind Rot, Orange, Gelb, Grün, Blau, Violett. Andere Wissenschaftler nach Newton fanden heraus, dass das Licht außerdem noch als Welle erscheint, die unterschiedlich lang ist. Das menschliche Augen kann Wellenlängen zwischen 380 und 780 Nanometern erkennen. Farbpigmente können manche Lichtstrahlen absorbieren, andere werden reflektiert (wie beim Versuch mit dem weißen und schwarzen Papier): Je nachdem, welche und wie viele Strahlen oder Wellen absorbiert oder reflektiert werden, nehmen wir einen Lichteindruck als Farbe wahr: Bei Rot werden nur die roten Strahlen reflektiert, alle anderen werden absorbiert. Bei Weiß werden alle Strahlen, bei Schwarz gar keine Strahlen reflektiert. Manche Tiere können aber in anderen oder weiteren Wellenlängenbereichen sehen.

Die Elemente Forscherwerkstatt

Feuer, Wasser, Luft und Erde stellen sich auf den folgenden Seiten als Versuchsobjekte vor. Die vier Elemente begleiten uns jeden Tag aufs Neue, meist ohne dass wir sie bewusst bemerken: Wir zünden Kerzen an, drehen die Heizung auf, duschen, waschen uns die Hände, trinken Wasser und Tee, wir freuen uns, wenn die Luft so schön nach Räucherstäbchen riecht, und bepflanzen im Frühling die Fensterbank. Da ist es höchste Zeit, dass die Kinder sich die vier Elemente einmal genauer ansehen.

Das Teelicht hustet!

Ein Versuch mit Feuer und Luft

Ab 4 Jahren

Wie man ein Teelicht ganz schnell zum Ausgehen bringt? Klar, man kann es auspusten. Was könnte noch klappen? In diesem Versuch finden es die Kinder heraus.

Das brauchen Sie

- **Teelichter**
- **Feuerzeug (benutzen nur Sie selbst oder ein älteres Kind unter genauer Aufsicht)**
- **Durchsichtige Teelichtgläser**
- **Einen kleinen Eimer mit Wasser (Brandschutz)**

Darum geht's

Feuer braucht Luft, sonst geht es aus. Genauer gesagt benötigt eine Flamme Sauerstoff, etwas Brennmaterial und Reibung oder Hitze, um zu entstehen und zu überleben. Zünden Sie für die Kinder ein Teelicht an und lassen es die Kinder auspusten. Das war ein bisschen zu viel Luft.

Das können die Kinder beobachten

Zünden Sie die Kerze wieder an. Jetzt stülpen Sie oder ein Kind das durchsichtige Teelichtglas (ersatzweise ein robustes Trinkglas) über das Teelicht. Nach kurzer Zeit erlischt die Flamme. Sobald die Flamme „die Luft" unter dem Glas aufgebraucht hat, hat sie nicht mehr genug Nahrung und erlischt. Das, was sich die Flamme aus der Luft fischt, nennt man Sauerstoff. Man kann ihn nicht sehen, aber dass er da ist, beweist dieses Experiment. Auch wir Menschen brauchen den Sauerstoff in der Luft zum Atmen.

Weitere Idee

Was passiert denn, wenn die Kinder das Teelicht nicht direkt auspusten? Wenn man nur ganz sachte pustet, tanzt das Teelicht. Oder es zuckt, vielleicht knackt oder zischt es auch leise. Man könnte denken, das Teelicht hustet. Erst wenn wir ganz fest pusten, erlischt es.

Eine Kerze ohne Berührung anzünden

Wie sich Wärme und Feuer übertragen

Eben haben wir gesehen, dass eine Flamme Sauerstoff benötigt, um zu überleben. Damit sie entstehen kann, ist aber außerdem auch Wärme und Brennmaterial nötig. Das zeigt der nächste Feuerversuch.

Ab 3 Jahren

Das brauchen Sie:

- **Teelichter oder Kerzen**
- **Feuerzeug oder Streichhölzer**
- **Einen kleinen Eimer mit Wasser (Brandschutz)**

Darum geht's

Dieser Versuch klappt nicht immer: Sie müssen die Kerze vorher mindestens einmal anzünden und etwas brennen lassen. Dann auspusten und das Streichholz oder Feuerzeug in die Nähe, aber nicht direkt an den Docht halten.

Das können die Kinder beobachten

Die Flamme springt vom Streichholz oder Feuerzeug auf den Docht über. Der Grund dafür ist, dass es über dem Docht, der gerade erst ausgepustet wurde, noch heiß ist. Das, was hier aufsteigt, ist nämlich kein Rauch, sondern heißer Dampf. Dieser Dampf ist noch so heiß, dass die Flamme über ihn auf den Docht überspringen kann, vor allem, wenn der Docht noch ein bisschen glimmt.

Weitere Idee

Wenn die Kinder die Kerzenflamme ganz genau betrachten, können sie verschiedene Farben erkennen: Können die Kinder die Flamme mit ihren Farben malen? Wo ist es in der Flamme wohl am heißesten (in den hellblauen Bereichen).

Was brennt, was brennt nicht?

Raterunden und ein kleiner Versuch rund ums Feuer

Nicht alles kann man mit Feuer verbrennen. Steine beispielsweise reagieren kaum auf Feuer, nasses Holz fängt höchstens an zu qualmen, trockenes Heu oder Holz dagegen brennt ruck, zuck. Woran liegt das?

Ab 5 Jahren

Das brauchen Sie

- **Einen großen Bogen hellen Tonkarton**
- **Bunte Filzstifte**
- **Klebestreifen**
- **Eine Feuerschale oder ein Backblech**
- **Rinde**
- **Moos**
- **Papier**
- **Aststückchen**
- **Metalllöffel**
- **Espressotasse**
- **Weitere Materialien nach Ideen und Möglichkeit**
- **Einen kleinen Eimer mit Wasser (Brandschutz)**

Darum geht's

Die Kinder teilen den Tonkarton in zwei Hälften, indem sie eine Linie in der Mitte ziehen. In die eine Hälfte kommt alles, was brennt. In die andere Hälfte malen die Kinder alle Dinge, die nicht oder nur sehr langsam Feuer fangen. Bevor sie das tun, starten Sie eine Proberunde: Auf das Tablett legen Sie einen zusammengeknäuelten Zettel, einen Zuckerwürfel, eine kleines Ästchen oder Rindenstück, einen Kieselstein, einen Metalllöffel, etwas Moos, eine feuerfeste Espressotasse. Was meinen die Kinder: Welcher dieser Gegenstände brennt, wenn er in Kontakt mit Feuer kommt? Die Kinder können sich beraten und die Gegenstände sortieren in brennbar und nicht brennbar. Dann führen Sie draußen in der Feuerschale den Beweis durch. Alternativ können Sie auch ein Backblech als Unterlage verwenden.

Das können die Kinder beobachten

Halten Sie ein Feuerzeug oder ein Streichholz kurz (!) an die Gegenstände. Der Versuch sollte aber immer im Freien (Rauchentwicklung), auf Steinboden und nur von Ihnen selbst durchgeführt werden! Stellen Sie einen Eimer mit Wasser parat! Die Kinder stellen für diesen Versuch selbst Verhaltensregeln auf: Warum muss ich mich vom Feuer fernhalten? Warum muss ich meine Haare zusammenbinden, wenn ich zuschauen möchte?

Weitere Ideen

Im Nachgang können die Kinder weitere Materialien mit Klebestreifen korrekt in ihr Feuerposter einkleben. Ein weiteres Stückchen Rinde kommt beispielsweise in die Brennbar-Rubrik. Dazu passen auch noch Bilder von Feuern, Kerzenflammen oder der Feuerwehr – je nach Ideen der Kinder.

Der brennende Würfelzucker

Ein Versuch mit Feuer oder nicht

Manche Dinge brennen nicht. Oder doch? Man kann Gegenstände zum Brennen bringen, wenn man das benutzt, was Forscher einen Katalysator nennen.

Ab 4 Jahren

Das brauchen Sie

- **Feuerzeug oder Streichhölzer**
- **Mehrere Stücke Würfelzucker**
- **Etwas Asche**
- **Eine Zange oder lange Pinzette**
- **Ein Backblech oder eine feuerfeste Auflaufform**
- **Einen kleinen Eimer mit Wasser (Brandschutz)**

Darum geht's

Ein Stück Würfelzucker wird nicht so einfach brennen. Wenn Sie es mit der Zange nah an die Flamme halten, wird es kein Feuer fangen. Ganz anders, wenn die Kinder ein weiteres (kaltes!) Stück Zucker mit Asche einreiben.

Das können die Kinder beobachten

Wenn Sie nur die Flamme an das eingeriebene Stück Würfelzucker halten, fängt es Feuer und beginnt zu brennen. Halten Sie das brennende Stück nur mit der Zange und nur über dem Blech oder der Auflaufform! Der Zucker beginnt nun zu brennen, weil die Asche (genauer gesagt das Kalium darin) als Brandübermittler wirkt. Solche Stoffe nennt man auch Katalysatoren. Mehr dazu können Sie im Kasten nachlesen.

Weitere Idee

Die Kinder können den Versuch durch gemalte Bilder dokumentieren. Die Bilder können Sie in die Lerngeschichten-Mappen der Kinder einheften.

Ein Katalysator

Ein Katalysator bringt Schwung in die Sache: Ein Katalysator (von altgriechisch „katalysis" – Auflösung) macht eine (chemische) Reaktion schneller, ohne dabei verbraucht zu werden. Er ist sozusagen ein Beschleuniger. In unserem Beispiel sorgt er dafür, dass der Zucker schneller Feuer fängt. So ähnlich wirkt auch der Katalysator im Auto: Als Teil der Auspuffanlage reinigt er die Abgase des Fahrzeugs, sorgt dafür, dass sie sich zersetzen, bevor sie nach außen in die Umwelt gelangen.

Ein Vulkan im Kuchen

Der Brausepulver-Trick

Ab 3 Jahren

Sind Feuer speiende Vulkane für Ihre Kinder faszinierend und häufig Gegenstand ihres Interesses? Dann bauen Sie doch diesen Mini-Vulkan für die Kinder: Er kann nicht nur sprudeln, sondern die Kinder können ihn nach dem „Ausbruch" sogar aufessen.

Das brauchen Sie

- **Kleine, runde Kuchen (gekauft oder selbst gebacken)**
- **Schokoglasur**
- **Brausepulver**
- **Zitronen**

Darum geht's

In der Natur drückt sich heiße Gesteinsmasse durch den Vulkankrater nach oben. In unserem Versuch ist das ganz ähnlich, doch hier handelt es sich um eine Brodelmasse, die Sie mit einem Trick selbst herstellen. Präparieren Sie den Kuchen folgendermaßen: Falls Ihr Kuchen kein Loch in der Mitte hat (wie bei einem Gugelhupf), dann bohren Sie ein schmales Loch in die Mitte die Kuchens. Anschließend bestreichen Sie den Kuchen mit flüssiger Schokoglasur und lassen die Glasur gut trocknen. Der so vorbereitete Kuchen kommt auf einen Teller.

Das können die Kinder beobachten

Die Kinder pressen eine oder zwei Zitronen aus. Den Saft auffangen und bereithalten. In das Loch in der Mitte des Kuchens füllen die Kinder ein oder zwei Tütchen Brausepulver. Nun gießen sie vorsichtig den Zitronensaft auf das Pulver. Das Pulver wird beginnen zu knacken, zu zischen und sich in eine brodelnde Masse verwandeln, die den Kuchen überschäumt. In der Brause sind zwei Stoffe enthalten. Sie heißen Natriumhydrogencarbonat (dieser Stoff kommt auch in Backpulver vor) und getrocknete Zitronensäure. Kommen diese beiden Stoffe mit dem Zitronensaft in Berührung, dann reagieren sie miteinander, wobei Luftblasen entstehen. Die Luftblasen entstehen, weil sich ein Gas (Kohlendioxid) bildet.

Weitere Idee

Dieser Versuch gelingt auch, wenn die Kinder statt des Zitronensaftes einfach Wasser auf das Brausepulver gießen, mit Zitronensaft fällt das Brodeln und Brausen aber heftiger aus.

Wasser hat eine Haut

Experimentieren mit der Oberflächenspannung

Wasser hat eine Art Haut. Die kann man natürlich nicht sehen. Normalerweise jedenfalls nicht, aber in diesem Versuch machen die Kinder sie sichtbar. Zauberei? Nein, viel eher Kräfte, die im Wasser wirken.

Ab 5 Jahren

Das brauchen Sie

- **Trinkgläser**
- **Leitungswasser**
- **Pipetten**
- **Krüge oder Milchkännchen**
- **Stecknadel**
- **Spülmittel**

Darum geht's

Die Haut des Wassers können die Kinder beobachten, wenn sie ein (sauberes!) Wasserglas randvoll mit Wasser gießen. Dazu können die Kinder die Krüge und Kännchen benutzen und so ein Gefühl dafür entwickeln, wann sie aufhören müssen, Wasser nachzuschütten. Mit Pipetten träufeln die Kinder noch einige Tropfen Wasser darauf, bis das Glas richtig voll ist.

Das können die Kinder beobachten

Ganz nah ans Glas gehen: Wenn sie jetzt ganz genau hinsehen, erkennen die Kinder, dass die Oberfläche vom Wasser an den Rändern ganz rund aussieht. Übervoll und kurz vor dem Überlaufen wölbt sich das Wasser ganz leicht nach oben. Der Grund: Das Wasser besteht aus winzigen Teilchen, den Molekülen. Und zwischen diesen Molekülen wirken Kräfte, die dafür sorgen, dass die Moleküle immer schön beisammenbleiben. In diesem Beispiel bauen diese Kräfte eine Oberflächenspannung auf: Das Wasser bildet ganz oben eine Art Haut, die zunächst das Auslaufen verhindert. Diese Kräfte wirken allerdings nur im klaren Wasser.

Weitere Ideen

- Wenn die Kinder eine Stecknadel in etwas Spülmittel tauchen und die Wasserhaut ganz leicht berühren, werden die Kräfte im Wasser gestört und das Glas läuft über.
- Eine Büroklammer ist zwar aus Metall und müsste untergehen, aber wenn die Kinder sie vorsichtig auf die Wasseroberfläche eines vollen Glases legen, schwimmt sie. Gibt man etwas Spülmittel dazu, wird die Oberflächenspannung auch hier gestört und die Nadel geht unter.

Gummibärchen können tauchen

Ein Experiment mit Luft und Wasser

Können Gummibärchen im Wasser bleiben, ohne nass zu werden. Und ob! Die Kinder können sie nach dem Versuch sogar noch essen – wenn sie es geschickt anstellen.

Ab 4 Jahren

Das brauchen Sie:

- **Eine flache Schüssel**
- **Leitungswasser**
- **Ein großes Trinkglas**
- **Gummibärchen**
- **Walnussschalenhälfte oder eine leere Teelichthülse**

Darum geht's

Unter einem Wasserglas bildet sich eine Luftglocke, wenn man es mit der Öffnung nach unten ins Wasser stülpt. Die Gummibärchen sind hierbei die Versuchs-„Personen“: Die Kinder füllen die Schale oder Schüssel etwa zwei bis drei Finger breit mit Wasser und setzen zwei Gummibärchen in die Walnussschale oder die Teelichthülse als Boot. Das Boot schwimmt nun auf dem Wasser. Nun stülpt ein Kind das leere Glas mit der Öffnung nach unten über das Boot ins Wasser und drückt es leicht herunter. Dazu hält das Kind das Glas unbedingt ganz gerade, denn sonst dringt Wasser ein!

Das können die Kinder beobachten

Im Glas bleiben die Versuchspersonen trocken. Dafür sorgt die Luft im Glas. Wenn man das Glas ganz senkrecht ins Wasser drückt, bleibt diese Luft erhalten und kann nicht entweichen. Und weil sich schon die Luft im Glas breitgemacht hat, kann auch kein Wasser eindringen.

Weitere Ideen

- Nach genau diesem Prinzip funktionieren Taucherglocken. Schon vor mehr als Zweitausend Jahren benutzten die Menschen die Erkenntnis, dass Luft Wasser verdrängen kann, und auch heute noch benutzen Taucher Taucherglocken.
- Drückt ein Kind das Glas bis ganz auf den Grund der Schüssel, könnte es passieren, dass die Gummibärchen ganz auf dem Trockenen sitzen und ihr Boot auf (fast) trockenem Boden kentert.

Die schwimmende Knete

Ein Rat-mal-mit-Versuch rund um den Auftrieb im Wasser

Knete ist ziemlich schwer und geht unter, wenn man sie in ein Wasserglas legt. Da sind sich die Kinder bestimmt einig, oder? Könnte man die schwere Knete durch einen Trick auch zum Schwimmen bringen? Hier können alle Kinder mitraten.

Ab 2 Jahren

Das brauchen Sie

- **Testmaterialien wie Korken, Rinde, Flummis, kleine Bälle, Steine**
- **Ein etwa walnussgroßes Stück Knete (keine Zauber- oder Zaubersandknete)**
- **Eine Glasschüssel mit Wasser**

Darum geht's

Manche Dinge schwimmen auf dem Wasser und gehen nicht unter, andere dagegen sinken sofort. Das können die Kinder selbst austesten, indem sie Bällchen, Steine, Rindenstückchen und andere Gegenstände – je nachdem, was sie gerade finden und zur Hand haben – auf das Wasser setzen und beobachten. Die Kinder werden zu dem Schluss kommen, dass leichte Dinge schwimmen und schwere untergehen. Aber das stimmt nur begrenzt.

Das können die Kinder beobachten

Ein Kind rollt aus der Knete eine Kugel und setzt sie auf das Wasser. Die Knete sinkt nun direkt auf den Grund der Schüssel. Der Grund: Sie ist schwer. Oder? Fischen Sie die Knete heraus und fragen Sie die Kinder, wie sie die Knete dazu bekommen könnten, zu schwimmen. Lassen Sie die Kinder selbst auf Ideen und Lösungsvorschläge kommen. Die Lösung ist: Knetet man aus der Knete ein ganz flaches, möglichst breites Boot oder auch nur eine breite, flache Münze, so schwimmt die Knete. Der Grund: Nicht nur leichte Dinge schwimmen, sondern auch Dinge, die mit möglichst großer Oberfläche viel Wasser verdrängen. Das ist auch der Grund, warum schwere Riesendampfer aus Stahl auf dem Meer fahren können: Sie verdrängen viel Wasser.

Weitere Idee

Die Kinder können noch mehr Materialien testen: Mehl und Puderzucker verhalten sich nicht gleich, wenn man sie löffelweise auf eine Wasseroberfläche gibt. Welche Dinge könnten die Kinder noch austesten?

Wandernde Spinnen

Ein Zaubertrick mit Wasser und Alufolie

Haben Sie ein Stückchen Alufolie übrig? Dann können Sie die Kinder mit einem kleinen Zaubertrick zum Staunen bringen und der Alufolie unglaubliche Spinnen- oder Krabbeltiere entlocken.

Das brauchen Sie

Ab 2 Jahren

- **1 glattes Stück Alufolie**
- **Permanent-Marker in Schwarz (White Board Marker)**
- **Krug mit Wasser**
- **Küchentücher**

Darum geht's

Auf Alufolie hält ein Permanent-Marker oder ein wischfester Filzstift nur begrenzt. Gibt man Wasser dazu, löst sich die Farbe wieder ab. Das sieht aus, als ob sie sich bewegt.

Das können die Kinder beobachten

Die Kinder malen mit dem schwarzen wischfesten Filzstift Spinnen oder kleine Käfer auf die Alufolie. Die Krabbeltierchen sollten etwa 2-Euro-Münzen-Größe haben und schön dick gemalt sein. Die Alufolie nun straff halten und etwas Wasser aufgießen. Das Wasser löst die Filzstiftmarkierungen, die im Wasser davonschwimmen, es sieht aus, als ob die Tierchen sich bewegen.

Noch mehr Ideen

- Die Kinder können eine ganze Armee von kleinen Krabblern (Tausendfüßler, Raupen, Ameisen, Spinnen, Käfer) oder auch Strichmännchen aufmalen und zum Davonlaufen bringen.
- Auf welchen Materialien könnte sich dieser Effekt ebenfalls zeigen? (auf einer Glasscheibe oder einem Teller mit glatter Oberfläche, hier müssen Sie eventuelle wenige Sekunden warten, bis sich die gemalten Motive ablösen)

Die spritzende Gabel

Wie Wasser Schall überträgt

Ab 3 Jahren

Stimmgabeln nutzen Sie möglicherweise bei der Entspannungspädagogik: Durch Anschlagen kann man ihre Schwingungen auf den Körper übertragen, was je nach Art der Schwingung entspannend oder dynamisierend wirken soll. Hier wird die Stimmgabel allerdings für einen kurzen Wow-Effekt zweckentfremdet.

Das brauchen Sie:

- **Eine Stimmgabel**
- **Eine Schüssel mit Wasser**

Darum geht's

Schwingungen kann man mit dem Körper fühlen. Das können die Kinder gleich entdecken, wenn sie eine angeschlagene Klangschale berühren oder wenn die Klangschale etwa auf ihrem Bauch steht. Schwingungen können aber noch viel, viel mehr: Dazu schlägt eines der Kinder eine Stimmgabel kräftig an und hält sie anschließend in das Wasser.

Das können die Kinder beobachten

Wenn die Gabel das Wasser berührt, spritzt es. Der Grund: Die Vibrationen der Gabel übertragen sich auf das Wasser, ähnlich wie wenn ein winziges Männchen ins Wasser springen würde. Auch wenn die Kinder in ein Schwimmbecken springen, spritzt es.

Weitere Idee

Schwingungen begleiten uns in der Luft, oft ohne dass wir es merken. Manche Schwingungen dagegen kann man fühlen: Lautsprecher vibrieren beispielsweise, straff gespannte Haushaltsgummis ebenfalls, wenn man an ihnen zupft. Finden die Kinder noch mehr, was schwingt und vibriert (Musikinstrumente, Trampoline, ...)?

Schrumpelgesichter

Wie Luftballons die Luft verraten

Luftballons sind tolle Experimentiergegenstände. Und es macht den Kindern bestimmt Riesenspaß, sich gegenseitig damit zu bewerfen und damit zu spielen. Hier erfüllen die Luftballons eine ganz andere Funktion.

Ab 2 Jahren

Das brauchen Sie

- **Viele Luftballons**
- **Wischfeste schwarze Filzstifte**

Darum geht's

Luft kann man zwar nicht sehen, aber man kann sehen, was durch Luft passiert: Pusten Sie gemeinsam die Luftballons auf. Sie halten einen Ballon für ein Kind fest, damit die Luft nicht entweicht. In dieser Zeit zeichnet das Kind mit dem Filzstift ein Gesicht auf den Ballon. Kurz trocknen lassen, dann übergeben Sie den Ballon dem Kind und das Kind lässt langsam die Luft aus seinem Ballon.

Das können die Kinder beobachten

Wenn die Kinder sich jetzt das Gesicht angucken, ist es ganz verschrumpelt. Wenn das Kind seinen Ballon noch einmal aufpustet und die Luft entweichen lässt, verstärkt sich der Effekt. Die Luft hat den Ballon ganz prall gemacht, das Gummi oder der Kunststoff, aus dem der Ballon besteht, hat sich geweitet. Beim Ausströmen der Luft zieht sich das Gummi wieder zusammen, weil es aber so sehr geweitet wurde, sind nun Falten und Schrumpeln zurückgeblieben.

Weitere Idee

Halten die Kinder unten die Öffnung des aufgepusteten Luftballons zu, entstehen laute Quietschgeräusche, wenn die Luft entweicht. Auch diesen Lärm macht die Luft.

Experimente und Erfahrungen mit dem eigenen Körper

Niesen, husten, gähnen, kleine Tricks, mit denen man die Sinne täuschen kann, oder Ideen, bei denen ein bestimmter Sinn ganz besonders gefordert ist: Unser Körper und unsere Sinne sind ein spannendes Untersuchungsthema. Auf den folgenden Seiten finden Sie Versuche und vor allem Selbstversuche mit Augen, Ohren, Fingern, Nase und vielem mehr.

Keuch!

Warum und wie wir aus der Puste kommen

Keuchen, nach Luft schnappen, schnellere Atmung, rotes Gesicht: Wenn wir aus der Puste kommen, dann weil unser Körper gerade Schwerstarbeit verrichtet (hat). Hier können die Kinder herausfinden, wie ihr eigener Körper reagiert.

Ab 3 Jahren

Das brauchen Sie:

- **Etwas Platz**
- **CD-Spieler mit Lieblingsmusik der Kinder**

Darum geht's

Wer rennt, der keucht. Drei Freiwillige stellen sich dem Vergleichstest: Zur Musik tanzt Freiwilliger Nummer 1 so wild er kann durch den Raum, Freiwilliger Nummer 2 geht zügig im Raum umher, Freiwilliger Nummer 3 bleibt sitzen. Stellen Sie nach etwa einer halben Minute die Musik aus. Alle Freiwilligen versammeln sich bei Ihnen und den anderen Kindern.

Das können die Kinder herausfinden

Kind Nummer 1 ist aus der Puste gekommen. Was können die Kinder an ihm feststellen? (Es atmet schneller, keucht, sein Gesicht ist vielleicht etwas röter.) Wenn das Kind einen Finger auf seine Halsschlagader legt, kann es seinen Puls fühlen, das heißt die Stöße, mit denen das Herz Blut durch die Adern pumpt. Legt es die Hand auf sein Herz, kann es fühlen, dass das Herz stärker schlägt. Vielleicht kann es den Herzschlag auch in den Ohren hören. Bei Kind Nummer 2 sind diese Anzeichen nur ganz schwach ausgeprägt, bei Kind Nummer 3 ist von Kurzatmigkeit keine Spur.

Der Grund: Wenn wir uns anstrengen (beim Sport oder auch wenn wir sehr wütend sind), beginnt unser Körper den Alarm auszurufen. Um leistungsfähig zu bleiben, brauchen wir nun mehr Sauerstoff. So beschleunigt sich die Atmung und unser Blut wird schneller durch den Körper gepumpt, damit der Sauerstoff mit dem Blut in allen arbeitenden Körperzellen ankommt. Nach dem Abklingen der Bewegung reguliert sich alles wieder.

Weitere Idee

Nach Wunsch kann nun jedes Kind einen kurzen Selbsttest durchführen und die bemerkten Körperreaktionen beschreiben.

Hatschi!

Was in der Nase beim Niesen passiert

Ab 4 Jahren

Staub, Pollen, Pfeffer, Schnupfen und auch helles Licht: All das kann uns zum Niesen bringen. Aber warum? Falls bei Ihnen gerade Schnupfenzeit ist: Testen Sie, ob man das Niesen aufhalten kann!

Das brauchen Sie

- **Taschentücher**
- **Seife**
- **Wasser**
- **Handtücher**

Darum geht's

Niesen gehört zu den unwillkürlich ablaufenden Reaktionen unseres Körpers, über die wir nur begrenzt oder gar keine Kontrolle haben. Solche Reaktionen heißen Reflexe. Kann man das Niesen wirklich nicht aufhalten?

Das können die Kinder herausfinden

Ein Niesen kündigt sich an? Wer jetzt ins helle Licht schaut, muss erst recht niesen. Wer dagegen ins Dunkle sieht, der könnte es schaffen und das Niesen bleibt stecken. Warum? Helles Licht reizt, ähnlich wie andere Niesreize (etwa Staubteilchen) die Nasenschleimhaut. In dem Versuch, den Fremdkörper herauszubefördern oder die Nase zu reinigen, wird unwillkürlich und explosionsartig Luft durch die Nase und den Mund ausgestoßen. Ein Niesen, das nicht richtig hervorkommen will, lässt sich umgekehrt mit einem Blick ins Helle häufig hervorholen.

Weitere Ideen

- Beim Niesen kommt neben Staub auch Nasensekret aus der Nase. So können durch feinste Tröpfchen Krankheitserreger übertragen werden. Und das mit einer Geschwindigkeit von bis zu 160 km/h. Darum können Sie anschließend an die Niesversuche gemeinsam Hände waschen. Hier können die Kinder vormachen, wie man seine Hände richtig gut und hygienisch wäscht.
- In allen Kulturen und Sprachen den Welt gibt es Wörter für „Hatschi!" sowie freundliche Wünsche der Umstehenden, etwa „Gesundheit!", das man neben „Bless you" auch im Englischen sagt: In Frankreich wünscht man „Santé!", in Spanien wendet man sich dann an „Jesús!", in manchen arabischen Ländern keucht der Niesende „Al-hamdu-lillah!" („Gelobt sei Allah!"). Fragen Sie doch die Kinder in Ihrer Gruppe, ob sie andere/weitere Sprachen sprechen und wie man sich dort „Gesundheit!" wünscht.

Schau genau!

Augentraining an der Schattenwand

Wie genau kennen sich die Kinder untereinander? Erkennen sie sich immer wieder? Schauen sie sich genau an? Dieser Versuch bringt es ans Licht.

Ab 2 Jahren

Das brauchen Sie:

- **Eine Türzarge**
- **Bettlaken**
- **Wäscheklammern, Wäscheleine und Haken (oder Möglichkeit zum Aufhängen des Lakens)**
- **Sehr helle Lampe**

Darum geht's

Können sich die Kinder auch wiedererkennen, wenn sie nur die Umrisse voneinander sehen? Hängen Sie ein Laken vor eine geöffnete Tür und teilen Sie die Kinder in zwei Teams. Ein Team sitzt auf der einen Seite des Lakens, das andere dahinter. Ein Kind stellt sich nun vor das Laken und wird von Ihnen von hinten mit einer hellen Lampe angeleuchtet. Die Kinder auf der anderen Seite dürfen nun raten, wer hier gerade steht.

Das können die Kinder beobachten

Jemanden nur am Umriss zu erkennen, ist ganz schön schwierig. Falls die Kinder nicht herausbekommen, wer da gerade zu erraten ist (bei großen Gruppen), darf sich das Kind bewegen oder tanzen. Immer noch nicht? Dann geben Sie einen kleinen Tipp.

Weitere Idee

Alle Kinder legen sich nacheinander auf eine Tapeten- oder Malpapierbahn. Die anderen Kinder umranden sie mit Filzmalern so, dass sie die Körpersilhouette abbilden. Notieren Sie für alle Fälle auf der Rückseite den Namen des gerade umrandeten Kindes. Legen Sie die Zeichnungen für eine Weile beiseite. Dann breiten Sie alle Umrisse auf dem Boden aus. Erkennen sich die Kinder selbst wieder? Erkennen die Kinder auch ihre Freunde?

Bloß nicht!

Selbstversuche und Spiele mit Körperreaktionen

Versuch mal, nicht zu lachen! Oder zu gähnen! Beides ist fürchterlich ansteckend. Das können die Kinder mit diesen Spielideen selbst testen.

Ab 2 Jahren

Das brauchen Sie:

- **Nach Wunsch: lustige Handy- oder Internetvideos**

Darum geht's

Haben Sie schon einmal versucht, nicht zu lachen, obwohl sie es gerade sehr witzig finden? Das ist fast unmöglich. Die Kinder können sich zu Teams zusammenfinden. Immer ein Kind pro Team versucht die anderen Kinder zum Lachen zu bringen. Dabei sollen die Kinder versuchen, so lange wie möglich ernst zu bleiben. Alternativ können Sie auch mit der gesamten Gruppe ein kurzes, aber lustiges Video auf dem Handy oder im Internet angucken. Wer schafft es, nicht zu lachen? Das Gleiche können die Kinder mit Gähnen probieren: Ein Kind gähnt und reckt und streckt sich. Bald werden die anderen Kinder mitgähnen.

Das können die Kinder beobachten

Zuerst sieht man es vielleicht nur an den Augen, dann zucken die Mundwinkel, dann beginnt der Körper zu zittern, wenn das Lachen nicht herausdarf, aber wirklich aufhalten lässt sich ein richtiges Lachen kaum. Das liegt daran, dass das Lachen ein angeborener Körperreflex ist. Medizinisch gesehen löst es aufgestaute Spannung im Körper: Ein Reiz, der über die Nerven im Gehirn gemeldet wird (etwa ausgelöst durch ein witziges Video), wird dann ausgeglichen, indem die Muskeln, die für das Lachen zuständig sind, aktiviert werden. Entziehen kann man sich dem Lachen höchstens durch Ablenkung.
Gähnen wirkt zwar ebenfalls ansteckend, die Auslöser fürs Gähnen können aber auch unterschiedlich sein: Müdigkeit oder Langeweile, aber auch wenn unser Körper versucht, Druckunterschiede (im Aufzug, Flugzeug oder bei heranziehenden Gewittern) auszugleichen.

Weitere Idee

Auch wenn man gekitzelt wird, muss man lachen. Schaffen es die Kinder, für eine kurze Weile dabei nicht zu lachen?

Sprudelbäder

Wie man Badeblubbern selbst macht

Ab 3 Jahren

Sprudelbadekugeln bringen Zischen, Blubbern, Duft und Farbe in die Wanne. Aber warum? Welche geheimen Zutaten sorgen für diesen Effekt? Machen Sie doch Ihre eigenen Sprudelkugeln und finden Sie es dabei heraus!

Das brauchen Sie

für 8 bis 15 Kugeln

- **200 g Natron (Apotheke)**
- **100 g Zitronensäure (Pulverform, Apotheke)**
- **2 Esslöffel Milchpulver**
- **50 g Speisestärke**
- **1 Teelöffel Puderzucker**
- **100 ml geschmacksneutrales Speiseöl**
- **10 bis 20 Tropfen naturreines ätherisches Öl (beispielsweise Zitrone oder Vanille)**
- **Lebensmittelfarbe (beispielsweise Gelb)**

Darum geht's

Wie kommt es, dass manche Badekugeln im Wasser sprudeln? Um das herauszufinden, können Sie mit den Kindern eigene Badekugeln herstellen. In einer Schüssel mischen die Kinder alle trockenen Zutaten, also Natron, Zitronensäure, Milchpulver, Speisestärke und Puderzucker. In einer Extraschüssel verrühren die Kinder die feuchten Zutaten: Öl, Duftöl und einige Tropfen Lebensmittelfarbe. Dann geben die Kinder das gefärbte Öl zu der trockenen Masse und verkneten alles gut. Ist der Teig zu bröselig und trocken, geben sie noch etwas mehr Öl hinzu. Ist der Teig zu feucht, können sie noch etwas Stärke beimischen. Aus der Masse formen die Kinder 8 bis 15 Kugeln, je nach gewünschter Größe. Die Kugeln müssen an einem warmen, trockenen Ort mindestens eine Woche trocknen. Dann können die Kinder ihre Kugeln mit nach Hause nehmen für ein Vollbad oder sie in der Kita in ein Fußbad geben.

Das können die Kinder beobachten:

Bei Kontakt mit Wasser beginnen sich die Kugeln unter Sprudeln und Brodeln aufzulösen. Das liegt am Natron und der Zitronensäure, die bei Kontakt mit Wasser sofort reagieren und Luft (Kohlendioxid) freisetzen, das dann für den Sprudeleffekt sorgt. Natron gibt man auch Backteigen zu, um auch hier Luft in die Masse, in diesem Fall den Backteig, zu bekommen, damit er weich wird und aufgeht.

Weitere Ideen

Als Geschenk können die Kinder auch eine kleine Überraschung mit in die Kugeln kneten, etwa ein kleines Spielzeug aus Kunststoff.
Experimentieren Sie auch mit anderen Düften und Farben: Lila Lavendelkugeln, rosa Rosenkugeln oder orangefarbene Zimtkugeln bringen Duft und Farbe ins Bad.

Was schmeckst du?

Den eigenen Geschmackssinn austricksen

Ab 4 Jahren

Ist der Geschmackssinn eine Sache der Zunge? Nicht nur! Auch die Nase ist am Schmecken beteiligt. Und das in viel stärkerem Ausmaß, als gedacht. Dieser kleine (Selbst-)Versuch beweist es.

Das brauchen Sie:

- **Brot in kleinen Würfeln**
- **Butter oder Margarine**
- **Nussnugat-Aufstrich**
- **Marmelade**

Darum geht's

Unsere Nase spielt auch beim Essen eine Rolle: Sie hilft uns dabei, Essen am Geruch wiederzuerkennen. Ist der Geruchssinn blockiert, schmeckt alles ganz anders – oder auch gar nicht. Das können die Kinder mit einem Versuch ausprobieren, bei dem sie an der Konsistenz des Essens nicht gleich merken können, was sie gerade essen. Breiten Sie kleine Brotstücke vor, die sie entweder mit Butter oder Margarine, mit Marmelade oder mit einer Nussnugat-Creme bestreichen. Falls das zu viel Zucker enthält, können Sie auch verschiedene Sorten Gemüsebrei (etwa Säuglingsnahrung: Kartoffelbrei, Kürbisbrei, Süßkartoffelbrei, Zucchinibrei, …) in kleine Schälchen füllen. Wer stellt sich freiwillig als Testperson zur Verfügung? Die Testpersonen bekommen die Augen verbunden und halten sich die Nase zu. Alternativ können die Kinder auch Wäscheklammern auf die Nase setzen, wenn diese nicht zu fest kneifen. Dann geht's los: Die Kinder füttern die freiwilligen Testpersonen.

Das können die Kinder beobachten

Die Testpersonen probieren abwechselnd von den bestrichenen Brotstückchen (alternativ von den Breien). Können sie benennen, was sie da gerade essen? In den meisten Fällen wird den Versuchspersonen das genaue Zuordnen schwerfallen. Unsere Nase ist viel stärker am Essen beteiligt, als wir bewusst wahrnehmen. In der Nase befinden sich Geruchssinneszellen, die Gerüche und auch Geschmäcker erkennen und wiedererkennen sowie über längere Zeit erinnern können.

Weitere Idee

Ihr Testbüfett kann je nach Jahreszeiten variieren: Im Sommer bieten sich drei verschiedene Sorten Fruchteis zum Probieren und Herausfinden an. Im Winter können Sie eine Tee-Test-Bar eröffnen – je nach Ideen der Kinder.

Kälte begreifen

Ein kleiner Versuch zur Feinmotorik

Ab 4 Jahren

Bei diesem Selbstversuch gibt es etwas zum Staunen: Den Greif- oder Tastsinn kann man nämlich ganz einfach austricksen.

Das brauchen Sie:

- **Eine große Schüssel oder Schale mit Eiswasser (im Winter einfach mit Schnee)**
- **Handtücher**
- **Tablett**
- **Reiskörner oder getrocknete Erbsen oder Linsen**

Darum geht's

An den Fingerspitzen befinden sich empfindliche Sinneszellen: Tastsinneszellen. Zum genauen Greifen und für sehr filigrane, kleinteilige Aufgaben sind sie wichtig. Was passiert, wenn man ihre Arbeit behindert, etwa durch Kälte? Das können die Kinder leicht testen: Im Winter füllen Sie eine Schale oder Schüssel mit Schnee. Im Sommer mischen Sie Leitungswasser mit einigen Eiswürfeln. Neben die Schale mit dem Schnee oder Eiswasser platzieren Sie ein Tablett mit schwierig zu greifenden Gegenständen, etwa Reiskörner, getrocknete Erbsen oder Linsen – oder je nach Ideen der Kinder. Die Kinder können die Reiskörner zunächst mit warmen Händen greifen und in der Schale ablegen. Dann baden die Kinder für eine kurze Weile ihre Hände im Eiswasser. Wie funktioniert das Greifen jetzt?

Das können die Kinder beobachten

Nach dem Bad im Eiswasser ist es jetzt sehr schwierig, die Reiskörner zu greifen, denn durch die Kälte sind die Finger steif und auch gefühllos. Wie kommt das? Durch die Kälte ziehen sich die Gefäße in den Fingern zusammen, sodass das Blut nicht mehr so gut zirkulieren kann. Auch Reizsignale können dann über die Nervenbahnen nicht mehr so gut und so schnell ans Gehirn weitergeleitet werden. Wenn das Blut zurück in die Finger strömt, können die Kinder das am Kribbeln merken.

Weitere Idee

Wie gut funktioniert das Greifen, wenn die Kinder Handschuhe tragen? Das können die Kinder gleich selbst ausprobieren. Hinderlich ist hier nämlich nicht nur der dicke Stoff der Handschuhe, sondern hier können die Tastzellen an den Fingerspitzen nicht arbeiten, weshalb das Greifen kleiner Gegenstände so schwierig wird.

Kann man Eis backen?

Ein Lecker-schmecker-Rezept zum Staunen

Wenn die Kinder einen Schneeball oder einen Eiszapfen in den Gruppenraum bringen, schmilzt er. Das Eis vom Nachtisch schmilzt auch (im Mund, auf dem Teller). Könnte man Eis auch backen wie einen Kuchen und dann einen doppelten Nachtisch schlemmen?

Ab 3 Jahren

Das brauchen Sie

- **Fertiges oder selbst gemachtes Eis, beispielsweise Vanilleeis**
- **Cornflakes und Mandeln**
- **1 bis 2 Eiweiß**
- **Viel Platz im Gefrierfach**
- **Speise- oder Frittieröl**

Darum geht's

Außen heiß, innen Eis: Backen kann man Eis zwar nicht, aber man kann es frittieren. Dazu formen Sie mit den Kindern das Eis mit einem Eiskugelportionierer in Kugeln. Die Kugeln kommen auf einem Tablett oder großen Teller über Nacht ins Gefrierfach. Am nächsten Tag verquirlen die Kinder ein Eiweiß (bei vielen Portionen auch zwei Eiweiße) leicht in einem tiefen Teller. Hacken Sie in einem Mixer Cornflakes und Mandeln. Das Cornflakes-Mandel-Gemisch kommt in einen zweiten Teller. Die Kinder nehmen die Eiskugeln aus dem Gefrierfach und wälzen sie zunächst im Eiweiß, anschließend in der Mandelmasse. Dann wandern die Kugeln für eine weitere Nacht oder mindestens zwei Stunden zurück ins Gefrierfach. Zum Frittieren erhitzen Sie Öl in einem Topf. Die Kugeln kommen direkt aus der Kühlung für ein oder zwei Minuten ins heiße Fett und können dann serviert werden.

Das können die Kinder beobachten

Tatsächlich sind die Eiskugeln nun außen heiß und kross, innen dagegen ist das Eis noch immer kalt. Trotzdem sollten es alle schnell aufessen, damit es nicht doch noch verläuft.

Impressum

Bibliografische Information der Deutschen Bibliothek
Die Deutsche Bibliothek verzeichnet diese Publikation in der Deutschen Nationalbibliografie; detaillierte bibliografische Daten sind im Internet über http://dnb.ddb.de abrufbar.

3. Auflage 2022

Text: Suse Klein
Illustrationen: Maryse Forget
Abbildungen: S. 9/49 © yoriko katayama – Fotolia.com, S. 19 © olesyaturchuk – Fotolia.com, S. 32 © Елена Фаенкова – Fotolia.com, S. 39 © runLenarun – Shutterstock.com, S. 44/45 © dina_asileva – Fotolia.com, S. 52 © Mariya Stupak – Shutterstock.com, S. 53 © undrey – Fotolia.com, S. 56 © izumikobayash – Fotolia.com, S. 58 © Christos Georghiou – Adobe Stock.com, S. 61 © imgstock – Fotolia.com, S. 63 © Jane Lane – Fotolia.com

Satz & Gestaltung: Katrin Kleinschrot
Druck und Bindung: Grafisches Centrum Cuno, Calbe

ISBN 978-3-7806-5136-5